Incítame (LGBT)

Inocencio Minjarez

Contenido

Capitulo 1

Lauren

Keana no se apagaba, no dejaba de hablar de la maldita fiesta del sábado y yo me estaba agobiando. Había pasado todo el fin de semana en casa de mis padres porque tenía que despedirme antes de empezar el curso y no había pisado mi casa en todo el verano. Me había perdido la fiesta de bienvenida de la hermandad sí, pero Vero ya me la había contado via Snapchat y era frustrante volver a oir todas las locuras que habían pasado.

-Hay una chica nueva - dijo de repente, tirandose en mi cama. Su cama, en el lado opuesto de la habitación, estaba hasta arriba de ropa y de sus mierdas amontonadas - Está buenisima - comentó.

-¿Quién? - hice.

-Yo no sé como se...

-No, que quién te ha preguntado - la corté, cansada.

-Oh, ¿Qué tienes? ¿Diez años? - rió burlándose de mi - Nah, lo que tienes es una envidia que no te la aguantas - bufé, ella continuó riendo.

-Vale, fue la mejor fiesta del siglo, ¿podemos hablar de otra cosa?

Mi compañera de cuarto se apiadó de mi y cambiamos de tema. Por dentro se lo agradecí inmensamente porque sí, porque tenía razón: me moría de la envidia. Odiaba perderme las fiestas, odiaba ser a la que se lo contaban. Yo era Lauren Jauregui, nadie debería divertirse si yo no estaba.

*Camila

-Hola, perdona, estoy buscando la residencia de las Mu Phi, ¿puedes ayudarme?- iba cargando con todas mis cosas, el taxista me había dejado en un barrio lleno de casas enormes, en los jardines de la mayoría de ellas había banderas o carteles con letras y símbolos, pero no había forma de encontrar la casa de la hermandad Mu Phi Epsilon.

-Claro - sonrió aquella chica alta y de piel morena - Estás de suerte porque vivo ahí.

-¿Sí? - hice con cierta emoción, si tenía que vivir ahí me iba a ir bien hacer alguna amiga. La casualidad me había sonreido.

-Claro, eres una de las novatas, ¿cierto? - me observó sin dejar de sonreírme - ¿Te ayudo con eso? - no me dio tiempo a negarme que la muchacha había tomado algunas mis cosas y ya las acarreaba - Soy Dinah.

-Camila - contesté devolviéndole la sonrisa.

Seguí a la chica hasta una de aquellas casas, no estaba lejos de donde me había rendido en mi intento de encontrarla yo sola. Aluciné, la fachada era de color rosa chillón, ¿cómo podía haberla pasado por alto? Había figuritas de flamencos por todo el jardín delantero y una especie de caminito de piedras que llevaba a la puerta principal. Plantada en mitad de los flamencos había una enorme bandera de color azul celeste con las letras M.P.E.

-Madre mía - dije casi para mi misma.

Dinah, como me había dicho que se llamaba, sacó una llave que colgaba de su collar y abrió la puerta, que por cierto también era azul, a juego con la bandera.

-¡Traigo a una novata! - chilló en cuanto se cerró la puerta.

Empezaron a aparecer chicas de todos lados de la casa. Me quedé petrificada en la puerta sintiéndome observada. A pesar de que odiaba ser el centro de atención, todo aquello sólo hizo que sintiera la emoción apoderarse de mi estomago.

*Lauren

Salí de mi habitación para ir a cenar alguna cosa, tenía un humor de perros había que admitirlo. Todavía clareaba, pronto el otoño acabaría con los resquicios del verano y los días se acortarían, los examenes llegarían y mi vida volvería a la monotonía. Aunque mi monotonía no era tampoco tan mala.

-Hola ogro gruñón - Lucy estaba mordiendo una patata frita cuando entré en la cocina.

-Hola Lu - hice sentándome a su lado y robandole una patata.

-Keana me ha dicho que no te hable de la fiesta - bufé, ella golpeó mi hombro - Tranquila, Laur, no fue para tanto ya sabes como les gusta exagerar. Eso sí, había chicas nuevas por todas partes - cerré los ojos, mis amigas eran una panda de desviadas de cuidado en busca de carne fresca - Una en concreto... Qué rabia que las de la Mu Phi nos la robaran - suspiró - Fijo que si llegas a estar haces que se quede... Ya sabes... Con tus encantos.

-Suerte que Keana te ha dicho que no me hables de la fiesta - repliqué, Lucy solo volvió a reir - Pero claro, si yo hubiese estado y esa chica realmente estaba como decís... Ahora mismo seria una Delta como nosotras.

-¿De que habláis? - preguntó Vero entrando en la cocina.

-De la nueva Mu Phi - contestó Lucy.

-Bua, estaba buena - soltó.

-Joder, ni que nunca hubieseis visto a una chica guapa - protesté.

-Lauren... - Lucy me miraba fijamente - Esa chica estaba realmente buena.

-Mucho - coincidió Vero.

-Muchísimo - Keana apareció de la nada sobresaltándome.

-Sois unas exageradas - estaba segura de que aquello solo lo hacían para molestarme.

-¿No nos crees? - Keana parecía casi ofendida.

-Sólo digo que no creo que fuera para tanto.

-Chicas, Lauren no nos cree - sentenció Keana, las otras dos la miraban con malicia en sus ojos y una sonrisa que me daba hasta miedo - Creo que tenemos que demostrarle que hablamos en serio.

-Yo también lo creo - Vero le dio la razón.

*Camila

Eramos cuatro chicas nuevas, y catorce en total en aquella casa. Nos presentamos, hicieron una fogata en el jardín trasero -en el que, por cierto, había una piscina- y después subimos al segundo piso para que se nos repartieran las habitaciones.

-Me quedo con esta - dijo Dinah que no se había separado de mi ni un segundo desde que nos habíamos cruzado en la calle - Mi excompañera se ha graduado - me dijo en un susurro.

-Toda tuya - dijo una chica bajita que por lo que había podido llegar a averiguar era la que mandaba ahi.

-Que buena eres Allyson - contestó Dinah.

-Ahorrate el peloteo, Hansen - rió la chica bajita - Ten cuidado con ella, es un poco bala perdida - esta vez se dirigía a mi y se refería a mi nueva compañera de piso.

Dinah me ayudó a meter mis cosas en el cuarto. Me dio la cama que había al lado de la ventana porque decía que a ella le daba mal rollo por la noche. Me quedé unos segundos mirando a fuera, la ventana daba al jardín y podía ver la piscina semi iluminada con los focos que había bajo el agua. Aún quedaban restos de la fogata, un par de chicas se esmeraban en recogerlo todo.

-¿Estás emocionada? - su voz me despertó de mi ensimismamiento.

-¿Eh?

-No sé, empiezas la universidad, eres una chica mayor ya - dijo obviamente burlándose de mi - A ver si acierto... ¿Eras la niña buena de tu barrio?

-Tampoco te pases - contesté.

-Admítelo, nunca has traído problemas...

Me encogí de hombros. Ella solo se volvió a reír. Todo el mundo parecía estar de buen humor en ese sitio y me gustaba. Y no, realmente nunca había traído problemas a mis padres. Era más bien una chica discreta, tampoco era una santa, pero nada fuera de lo común la verdad. Alguna vez había querido ser como algunas de mis amigas y rebelarme un poco, pero después me había dado pereza y había acabado viendo pelis con mi hermana pequeña en el sofá de casa.

-¿Qué cojones? - Dinah estaba de espaldas a mi, mirando por la ventana por la que yo había estado mirando antes.

-¿Qué pasa? - pregunté.

-Esas de ahí - me dijo señalando cuatro sombras en mitad del jardin - son Deltas - frunció el ceño - ¿Que diablos hacen aquí? Espero que no sea una estúpida broma de mal gusto...

Me asomé aun más y forzando la vista pude reconocer a tres de las cuatro chicas: las había visto en la fiesta de inicio de curso en la que las novatas habíamos sido reclutadas por las hermanades. La cuarta integrante de esa cuadrilla era completamente desconocida para mi.

*Lauren

-¿Cual es el plan? - pregunté - ¿Entramos en su casa y preguntamos por la tía buena? - lo mío ese día era el sarcasmo.

-¿Puedes dejar de quejarte? - me pidio Keana - Lo hacemos por ti.

-¿Por mi? - dije incredula.

-Es injusto que no hayas visto a la tia buena de la que hablamos, y nosotras si - Lucy y Vero rieron ante el comentario de Keana.

-Sois idiotas y vais fumadas - declaré.

-No más que tú... y sí, lo vamos - volvieron a reír. ¿Iban a reírse de todo lo que dijera Keana?

Nos acercamos sigilosamente hasta la puerta del jardín. Pude ver adentro, las dos chicas que habían estado recogiendo ya se habían metido en sus habitaciones. No había moros en la costa. Vero trató de abrir pero, obviamente, la puerta estaba cerrada.

-Fin de la aventura - dije.

-No tan rapido - protestó Lucy.

La luz de la escalera se había encendido. Pude intuir algunas sombras justo antes de ver aparecer a dos chicas. A una la tenía vista del año anterior, era alta y solía marcarse buenas fiestas, la otra iba detrás y no la había visto en mi vida. Era preciosa.

-No me jodas, es nuestro día - me susurró Keana al oído - Dios, mirate, pero si ya estás babeando. - más risitas de Lucy y Vero.

Lucy golpeó con los nudillos el cristal. Pero no hacía falta porque las dos chicas venían directamente hacia nosotras. Mis ojos se perdieron en las piernas de la chica que no conocía, tostadas, largas y delgadas. Sus shorts me dejaban verlas y no podía estar más agradecida.

-Va a abrir - dijo Vero flojito.

La muchcacha alta abrió la ventana.

-¿Qué hacéis aqui? ¿Venís buscando jaleo? - preguntó a la defensiva.

-No... Venimos buscandola a ella - Keana señaló a la otra chica. Esta se ruborizó instantaneamente - queríamos presentarle a nuestra amiga.

Entonces sentí como alguien me empujaba hacia dentro del salón.

-Se llama Lauren - me presentó Lucy - Y aunque ahora parezca tonta con esta cara de embobada, es una de las chicas más listas que conozco - ahora eran Keana y Vero las que reían.

-No les hagas caso - traté, penosamente, de no quedar como una idiota - Están fumadas...

-Os vi en la fiesta - dijo la chica, mirando a mis amigas.

-Y nosotras a ti - respondió Vero pícaramente.

- Y tanto que te vimos - afirmó Lucy.

- Una pena que hayas acabado aquí - se quejó Keana - Lo hubieses pasado bien en nuestra casa, ¿sabes?

- ¿De que vais? -la chica alta volvió a ponerse a la defensiva - ¿Sabéis que esta prohibido intentar "re-reclutar" novatas?

-No venimos a re-reclutarla - protestó Lucy.

- ¿Entonces qué quereis? - preguntó.

-Ya te lo hemos dicho - parecía que a Lucy le costaba entender que aquello era raro de cojones - Queríamos presentar a estas dos - se dirigió a la otra chica - Te hemos dicho como se llama ella, pero no sabemos tu nombre.

La chica vaciló un poco. Miró a su compañera, después a Lucy y finalmente se me quedó mirando. Sus ojos marrones me estaban atravesando y yo estaba haciendo esfuerzos por no desviar la vista a sus piernas de nuevo. Esos shorts eran muy... "shorts".

-Me llamo Camila - dijo finalmente - Pero no entiendo nada.

- ¿Te parece mal que queramos presentarnos? - pregunté yo. Vi la chispa de esperanza en los ojos de Keana. Ella era mi mayor animadora de ligues - Sólo queríamos ser amables - Lauren Jauregui mode on.

-Tú no sabías quien era - me dijo.

-Pero sí había oído cosas buenas de ti - respondí, sonriendo.

Era un arte. Me salía natural, como si estuviera en mis genes. Cuando se me ponía delante una chica mona, acababa en mi cama. Y eso era así, ni siquiera lo hacía adrede. Y mis amigas lo sabían.

-¿Qué cosas? - preguntó curiosa.

-Cosas - respondí.

Oímos ruidos procedentes del interior de la casa y nos giramos todas inconscientemente.

-¿Qué está pasando aquí? ¿Lauren? - Normani Kordei acababa de entrar al salón.

-¿Os conocéis? - la chica alta parecía estar confundida

-Vamos a clase juntas - dije yo.

- Oh, hola Mani - hizo Vero sonriendo como una boba, Vero podía llegar a ser muy pelota. Pero no aguantaba que le hicieran la pelota, era confuso.

-¿Sabéis que como Ally os pille haciendo migas con las Delta a estas horas va a caeros una buena? - preguntó

Normani, miró a Camila un poco confundida - Bueno, Dinah, tú deberías saberlo...

Así que la más alta era Dinah. Aunque me daba igual, mis ojos habían vuelto a Camila.

-Pillamos la indirecta - Vero me arrastró de nuevo al jardín.

-Adiós chicas, encantada conoceros - hizo Keana moviendo la mano.

-Sobre todo a ti - le dije a Camila, esta vez mis amigas se reían de lo que yo había dicho.

Empezamos a deshacer todo el camino hacia nuestra casa. Aunque a ser sincera, hubiese preferido quedarme hablando con Camila y que Normani nunca hubiese aparecido.

-"Sobre todo a ti" - la voz de Lucy imitándome me hizo volver a la tierra.

-"He oído cosas buenas de ti" - le respondió Vero.

-"Cosas" - Keana se unió al juego cuando llegábamos a nuestra casa.

-Callaos - les ordené mientras metía la llave en la cerradura.

-Admítelo - me pidió Keana, entrando y dejandonos pasar hasta las escaleras.

-¿Qué? - me hice la confundida, Vero subió como cinco escalones dando saltos.

-Admitelo - me dijo desde esa altura.

-Admitelo Jauregui - la voz imperativa de Lucy me hizo rendirme.

-Está buena - admití.

Keana cerró el paso a las otras dos. Tendió la mano y ambas sacaron un billete de sus bolsillos. Keana recaudó ese dinero y sonrió, sus ojos brillaban con su victoria. Descubrir que todo aquello había sido una estúpida apuesta no me hizo enfadarme, más bien me hizo darme cuenta de que un nuevo curso empezaba y que iba a ser, por lo menos, tan entretenido como el anterior.

Capítulo 2

Camila

-Que chicas más graciosas - dije subiendo de nuevo a nuestro cuarto con Dinah.

-No te fies - me advirtió

-¿Por qué? Parecían majas.

Al llegar a la habitación se me cayó el alma a los pies. No recordaba que tenía que hacer la cama y ordenar mis cosas.

-Porque son Deltas... - me dijo como si eso explicase todo.

-¿Y? - definitvamente iba a hacer la cama y lo de deshacer el equipaje ya lo haría al dia siguiente.

-En su hermandad solo aceptan a chicas guapas, da igual lo estúpidas que sean, no hay un... Mmm... Una líder como Ally, que haga de mediador y es la mayor, por lo cual tiene cierta autoridad. Ahí cada una hace por su cuenta, sus "lideres" son como los leones, entran en batalla de chicas y gana la que tenga más poder.

-¿Más poder? - reí, me parecía muy fantasioso. Era como estar describiendo una peli barata de esas que seguían la estela de Mean Girls.

-Sí, la que tiene más influencia en las otras chicas acaba imponiendo su voluntad.

-¿Y por qué solo pueden ir chicas guapas? Eso es muy superficial... - protesté, siguiéndole el juego.

-Por eso no fui cuando me reclutaron - dije - Normani y yo nos piramos de su reunión el primer dia. Dijeron eso de que solo las más guapas entraban y todas sus mierdas, y nos piramos. Vinimos aqui.

-Normani me dijo que viniese aquí - dije recordando como me había apartado del grupo y me había convencido para unirme a su hermandad.

-Normani es una chica inteligente, yo que tú me haría su amiga.

-¿Por qué?

-Porque mejor rodearte de gente decente y con principios, que de gente como las Deltas.

-A mi me han parecido majas - volví a decir.

-Todo apariencias, Camila, todo apariencias...

Se quedó dormida poco después. Yo creía que Dinah exageraba un poco. Sí, aquellas chicas eran muy guapas, pero también me parecieron simpáticas. Me hubiese gustado quedarme más rato con ellas, parecían dive rtidas... Además, Lauren, la única chica que no había conocido en la fiesta, despertaba cierto interés en mi.
*Lauren

-¿Y bien? - pregunté a las chicas. Lucy y Vero estaban sentadas en el suelo, expectantes, mientras Keana y yo estabamos en mi cama. Ella estaba acabando de redactar una frase en la libreta que había cogido de mi estantería.

-Esto es todo - dijo finalmente tapando el boli.

-Leelo - le pidió Vero.

Keana se puso en pie, con el cuaderno entre las manos y una sonrisa tan suya que se me contagió.

-Vale, estas son las normas: gana quien primero la tenga en su cama. Primera regla: está prohibido interrumpir una jugada - su mirada se posó directamente sobre Vero, culpable por haberle robado un ligue en mitad de una fiesta - Segunda regla: está prohibido inventarse mierdas de otra para quitarle ventaja - eso iba por Lucy, que le había dicho a una chica que yo tenía hongos en los pies para quitármela. Aunque, pensándolo bien, fue considerada teniendo en cuenta que dijo que los hongos los tenía en los pies - Tercera regla: está terminantemente prohibido hablar del historial de otra para dejarla en game over - y esta iba por la misma Keana, que le había dicho a una chica que Vero había estado con su ex justo cuando estaba a punto de subirse en su coche.

-Perfecto - dijo Vero sonriendo - Ahora firmad, zorras, que no me fio una mierda de vosotras.

Keana le tendió el boligrafo y el cuaderno a Vero, que lo firmó y se lo pasó a Lucy y esta hizo lo propio pasandomelo a mi. Observé la letra perfeccionada de Keana, letra redonda y femenina. Detallista hasta en las comas.

En mayusuculas que bailaban en el margen superior ponía "Los Juegos de Camila", en la esquina inferior había dibujado un corazón. Pasé mis dedos por la frase "Gana la primera que la tenga en su cama". Las chicas me observaban, sin borrar sus sonrisas. Tomé el boligrafo, que aún lo tenía Lucy, y firmé.

-No os lo pienso poner fácil - dije, devolviendole al libreta a Keana.

-Mejor, más emocionante - contestó.

-Y tanto... - susurró Vero - Pero más emocionante será cuando la tenga entre mis sabanas, desnuda.

-Eso será después de pasar por las mias - respondió Lucy levantandose - Buenas noches, chicas.

-Buenas noches Lu - Lucy me dio un beso en la mejilla y se despidió de las otras con la mano.

-Yo creo que me retiro también - y Vero también se fue.

-Estamos solas, Jauregui - dijo Keana con un brillo especial en los ojos y tono meloso.

-Así es...

-¿Te puedo proponer algo? - preguntó en el mismo tono.

-No voy a ayudarte a ordenar tu mierda, tú has hecho ese desastre - respondí.

-Joder, que borde... ¿No te doy pena? Son casi las dos de la mañana...

-Ninguna pena - reí.

*Camila

La presentación de aq- - - uella clase estaba siendo tan aburrida que me costaba mantener los ojos abiertos. Además, no había dormido una mierda la noche anterior y me caía de sueño. La mujer que impartía la clase se dedicó durante dos horas a comentar hasta el más mínimo detalle del plan de estudios. Empecé a hacer dibujitos y a escribir palabras al azar en una hoja cuadriculada para mantener mis neuronas en funcionamiento y no quedar rendida sobre el pupitre.

Estaba tratando de escribir la palabra "mátame" cuando el boli me resbaló de entre las manos y rodó lejos de mi por el suelo. El golpe de la pieza metálica hizo que algunos alumnos se girasen, me estaba muriendo de vergüenza cuando reconocí aquellos ojos. Fue como verla observarme con una mirada felina, en silencio y a cámara lenta. Mi corazón dio un vuelco, ahora sí que me moría de vergüenza y al mismo tiempo de emoción. Lauren apartó su mirada de mi para fijarse en el pequeño objeto que había rodado hasta sus pies. Se agachó un poco y lo tomó entre sus manos, entonces volvió a mirarme. Ella solamente sonrió y, en lugar de devolvérmelo, lo utilizo para recogerse el pelo en un moño dejando al aire un tatuaje de una libelula. Volvió a girarse, me guiñó un ojo y susurró un "gracias". Entonces recordé que para seguir viva necesitaba seguir respirando.

Pronto acabó la sesión y empecé a recoger mis cosas. Vi a Lauren levantarse del sitio y estirarse un poco. Los chicos empezaban a abandonar la clase. Mentiría si dijese que no me había sorprendido que no me devolviese el boligrafo, pero también lo haría si dijese que no prefería mil veces más que estuviera en su pelo que entre mis cosas.

-Tienes que tener más cuidado, Camila - su voz me sobresaltó y me di cuenta de que ya no quedaba nadie en toda mi fila de pupitres.

-Esque me estaba quedando dormida... - me excusé.

-Sí, tuve esta misma profesora, en esta misma asignatura, el semestre pasado - contestó suspirando de pereza.

-¿Suspendiste?

-Me olvidé de que había examen - contestó como si tal cosa. Supongo que le hizo gracia mi reacción de abrir los ojos como platos porque se empezó a reir - Oye, esto... ¿Lo quieres de vuelta? - me preguntó señalando su moño.

-No, te queda bien... Ya me lo darás - contesté como una boba.

-Oh, que amable, gracias -sus sonrisa era perfecta, y el brillo en sus ojos me tenía medio hipnotizada.

-No hay de qué.

-Oye, Camila, ¿tienes planes para este sabado?

-Eh... No que yo sepa... Bueno, no sé si Dinah... - no sabía como decirle que aún no tenía amigos en ese sitio y que estaba más sola y aburrida que la una.

-Bueno, mis amigas y yo hacemos una fiesta, así de reencuentro, si os quereis pasar Dinah y tú, sois bienvenidas.

-Se lo diré - contesté demasiado rápido, me sentí estúpida por ello.

-Bueno... ¿Y cómo sé si dice que si?

-Ah, pues... - me quedé pensando, ¿me estaba pidiendo lo que me estaba pidiendo?

-Anda apunta, que lo tienes en la mano - Lauren me cantó su número de telefono y yo lo apunté torpemente en el movil - Ya me dirás cosas, nos vemos, aunque no mucho por esta clase. Es una autentica mierda.

Y se fue.

*Lauren

Me fui de ahí pensando que por mi truco patetico de quinceañero para conseguir un telefono, tendría que organizar una fiesta el sabado. Y rezar porque Camila quisiera venir y me mandase un mensaje. Dios, jamás había cometido ningún error intentando ligar con una chica, pero sus ojos oscuros me habían puesto tan nerviosa que había tirado de la primera opción que me había venido a la mente. Bueno, ya estaba hecho, había movido ficha. Ahora tenía que esperar que en la fiesta ninguna de mis amigas se me adelantará, había jugado una mala carta, sí, pero había jugado igualmente.

Pasé la tarde delante de mi portatil editando fotos que había hecho el fin de semana anterior. La puesta de sol me había llamado mucho la atención y los edificios se dibujaban sobre el fondo rojizo del horizonte. Me encantaba recrearme en mis fotografías pero no podía dejar de pensar en aquella chica. Me dio vértigo pensar que con ella mis super poderes de Lauren Jauregui no me habían funcionado. Sacudí la cabeza, quise convencerme de que se trataba de un hecho puntual, que había perdido practica y que yo era la misma. Nadie se me resistía, o eso me gustaba repetirme.

-Ey, ¿Lo, que pasa? - Keana había conseguido organizar todos sus trastos y me observaba desde su cama, dónde había estado leyendo toda la tarde.

-¿Qué? - pregunté confundida.

-No has dejado de suspirar y de removerte desde hace una hora. ¿Ha pasado algo? ¿Es por la fiesta del sábado? Sabes que iremos a saco...

-No... Estoy bien, es la vuelta a clases que me tiene hiperactiva - contesté lo más convincente que pude -

Eso de pasarme toda la mañana sentada y callada, me tiene de los nervios.

-Ajá - hizo - y la morena de las Mu Phi no tiene nada que ver... ¡Vamos! Juegas con muchisima ventaja, vais a clase juntas - protestó - ¿En serio tienes miedo de perder?

-No pienso perder - le aclaré.

-Pues que gracioso, porque yo tampoco - me dijo dibujando una sonrisa de oreja a oreja.

-Ya veremos...

-Uh, te tiene alterada de verdad, ¿Eh? Para que luego digas que "exagerábamos".

-Oye, mira, a mi nadie me tiene alte... - mi movil hizo un pitidito que me calló. Miré lo que era, un mensaje de un número anónimo. Mi pulso se aceleró. ¿Sería ella? ¿Era un mensaje diciendo que venía? Quizá a su amiga no le hacía ilusión venir a nuestra fiesta...

-¿Vas a abrirlo? - Keana me devolvió a la Tierra.

Cogí el movil y lo desbloqueé. No sabía por qué me importaba tanto aquel mensaje pero cuando lo leí sentí un millón de pequeñas chispas por todo mi cuerpo.

"Ey, Lauren, soy Camila - este es mi número btw hahaAh bueno, eso, que a Dinah le parece bien, ¿a qué hora nos quieres ahí?"

-¿Y esa sonrisa de idiota? ¿Quién es? - ¿por qué Keana se empeñaba en devolverme siempre a la realidad cuando menos quería?.

Capitulo 3

Lauren*

-La próxima vez que te vayas a poner algo de mi armario, avisa - Keana estaba buenísima con mi vestido negro, pero no se lo iba a admitir.

-¿A qué hora llega? - me ignoró por completo.

-No sé, dijo que estaría sobre las once por aquí...

-Interesante, hmmms - se miró al espejo y se colocó bien el pelo.

Keana sacó su pinta labios rojo mate. El color hizo que de repente sus ojos oscurecieran, se guiñó un ojo a si misma y se mandó un beso, antes de dejar el pinta labios en la estanteria. Sentí que mis ojos no podía apartarse de sus labios carnosos, perfectamente dibujados. Me mordí el labio observando su reflejo, mis ojos recorrieron su figura y regresaron inconscientente a su boca. Ella me pilló, me dedicó una sonrisa a través del espejo y se giró hacia mi de nuevo.

-Shh, Jauregui, yo no soy tu presa - no desdibujó aquella sonrisa ni un segundo.

-Más te gustaría - contesté.

Salimos de nuestra habitación y nos encontramos la casa atestada de gente. Quería encontrar a Lucy y a Vero para tenerlas localizadas, pero no tenía ni idea de dónde estaban. Keana tomó mi mano para bajar las escaleras que llevaban a la planta baja, donde aún había más gente.

-¿Crees que estarán en la piscina? - pregunté.

-Ni idea, vamos a por algo de beber, anda.

Miré el reloj que había en la pared, un reloj antiguo que llevaba en esa casa -por lo que yo sabía- casi cincuenta años. Marcaba las diez y media, aún tenía margen para encontrar a mis amigas y tenerlas controladas antes de que Camila llegase. Acepté la propuesta de Keana y fui con ella hacía la cocina donde los vasos rojos de plástico estaban a punto de agotarse.

-¿Estás segura de que vendrá? - me preguntó pasándome el vaso en el que acababa de hacer una mezcla con vodka barato y limón.

-¿Qué insinúas? ¿Que me va a dejar plantada?

-Ni que fuera una cita... - Keana se sentó sobre la encimera de la cocina y cruzó las piernas. Sorbió de su vaso y se quedó observando -Vaya montón de frikis - susurró.

- La verdad es que me esperaba más nivel... - comenté.

-Dejadlos, la mayoría son novatos, ya pillarán de qué va esto - me giré para encontrarme a Vero hablando, y a Lucy a su lado con una cerveza en la mano.

Las dos iban a la par que Keana, vestidos sensuales y maquillaje provocativo. Me querían declarar la guerra, pero yo no me iba a dar por vencida sin jugar. Y ahora al menos las tenía controladas.

Camila*

Llegamos mucho antes de lo previsto. Cuando intenté cruzar el jardín delantero con Dinah, un grupo de chicos sin camiseta nos acorralaron. Empezaron a chillar como poseídos y, después de eso, se fueron corriendo.

-¿Qué cojones ha sido eso? - me preguntó Dinah.

-Ni idea... - miré la hora en el movil, le había dicho que Lauren que llegaría sobre las once, quería hacerme de rogar, parecer interesante, pero nos aburriamos tanto que a las diez y media ya estabamos ahí.

-Vamos a pillar algo de beber y a ver si encontramos a tus amiguitas las Deltas simpaticas - me dijo, en tono sarcastico.

-Oye, que nos han invitado, no te quejes encima - protesté.

-Te han invitado porque les interesas, a mi sólo me necesitan para que tengas con quién venir - contestó.

-¿Entonces por qué accedes a esto? - pregunté.

-Una fiesta es una fiesta, pequeña - Dinah me removió el pelo y me sonrió, yo traté de zafarme pero me dejó el flequillo hecho un desastre.

Entramos en la casa y Dinah se dirigió directamente a la cocina mientras que yo me puse en busca de un baño, aunque fuera por asegurarme de que estaba decente.

De repente me sentía muy insegura a pesar de estar llevando mi blusa favorita y de que sabía que esos pitillos se ceñían perfectamente a mi cintura, realzando la parte de la que estaba más orgullosa de mi cuerpo: mi trasero cubano.

Pero no encontré el baño. Me confundí, o la chica que me dio las instrucciones iba demasiado borracha, y acabé metida dentro de una habitación. Justo antes de cerrar la puerta y seguir buscando me di cuenta de que en esa habitación había un espejo enorme en la pared. Supuse que nadie iba a subir, que por dos minutos que me tomase nadie se iba a sentir ofendido. Si alguien entraba diría la verdad, a medias, que me había confundido y que ya me iba.

-Pfff - me miré en el espejo y vi me flequillo despeinado - maldita Dinah... - traté de recomponerlo, y en una de estas vi un pintalabios sobre la estanteria al lado del espejo. Rojo pasión - Lo siento, seas de quien seas - lo cogí y me pinté los labios. Definitivamente ese color me quedaba genial.

De repente vi algo reflejado en el espejo que me sonó familiar. Me giré, al fondo en la pared había una fotografía. Era Lauren, con sus amigas, en alguna otra fiesta y claramente ebrias. ¿Estaba en la habitación de Lauren o en la de alguna de sus amigas? La curiosidad me pudo, tengo que admitirlo, sabía que no debía usmear entre las cosas ajenas, pero soy así por naturaleza.

Como la foto no me aclaraba nada, empecé a buscar algo que pudiese indicarme de quién era aquella habitación. Había dos camas, las fotos del fondo, la estanteria del pintalabios, dos armarios empotrados y cajones, muchos cajones. Entonces, en la mesilla al lado de una de las camas, vi un cuaderno en el que había escrito algo en la tapa. Lo cogí, la letra era cursiva y perfecta. "Lauren Jauregui". Bingo.

Fue estúpido, no debí hacerlo. Estaba completamente mal aquello, pero ya he dicho que soy así. Yo soy ese gato al que la curiosidad mató, ¿pero sabeis qué? El gato murió sabiendo. Y abrí el cuaderno, y de repente esa no era la misma letra que la de la portada. Era también una letra detallista y cuidada, pero no era la misma que se había usado para escribir el nombre. De todos modos, aquello no fue lo que me soprendió. Lo que me dejó completamente desubicada fue lo que ponía: "Los Juegos De Camila".

*Lauren

En el momento en el que Dinah había entrado a la cocina me sentí desconcertada. ¿Dónde estaba Camila? Las otras se pusieron como unas putas locas a invitar a Dinah y a hacerla ponerse cómoda entre nosotras sin dejar de hacer estúpidas preguntas. Dinah dijo que Camila había ido al baño y que vendría en nada, eso me hizo sentir aliviada. Estaba ahí, no me había plantado.

-Camila lleva media hora en el baño - dijo Lucy de repente.

-La verdad es que está tardando mucho - accedió Dinah - quizá debería buscarla... Puede haberle pasado algo...

-Seguramente habrá cola en el baño, suele pasar en estas fiestas - contestó Keana despreocupada rellenándole el vaso a Dinah.

Sentí el vibrar de mi teléfono en el bolsillo de mis vaqueros. No me apetecía andar con el movil, estaba demasiado nerviosa esperando que Camila apareciera de un momento a otro y preparándome mentalmente para que mis amigas se volvieran locas. Pero el movil volvió a vibrar y esta vez accedí y lo saqué de mi bolsillo. Era Camila.

-Camila: adivina quién está en tu cama -Camila:

Se me atragantó lo que estaba bebiendo en el mismo momento en el que abrí los mensajes. Definitivamente esas eran mis sabanas.

-Chicas, ahora vuelvo me he dejado algo en la habitación - no me paré si quiera a ver si mi pobre y barata excusa había colado, salí de la cocina a la velocidad de la luz.

Casi podría decir que estaba subiendo las escaleras de dos en dos. La idea de que Camila realmente estuviese en mi cama y hubiese decidido mandarme una foto así me alteraba la sangre. Abrí la puerta casi esperando que todo hubiese sido una broma suya, pero no, ahí estaba, dentro de mis sabanas. En el suelo de mi habitacion había unos vaqueros claros, tuve que tragar saliva al comprender lo qué significaba eso.

-Hola, Lauren - me dijo, mordiendose el labio inferior, mirandome con una especie de brillo en los ojos que me dejó hipnotizada.

- Hola... - cerré la puerta de la habitación con cuidado detrás de mi, como si Camila fuera un gatito y fuera a salir corriendo si hacía algun movimiento brusco - ¿Cómo has encontrado mi habitación? - llevaba los labios rojos, exactamente igual que Keana, pero en ella quedaban mil millones de veces mejor.

-No sé, intuición supongo, ¿por qué estás tan lejos? - me hizo un puchero, pero fue el puchero más sexy que había visto en toda mi maldita existencia. Sentí como la sangre de mis venas empezaba a ir toda en la misma dirección.

Cumplí sus deseos y me acerqué más a ella, me senté en la cama a su lado. Ella paseó su dedo indice por mi hombro y lo hizo bajar trazando un caminito por todo mi brazo.

-¿Qué pasa? - le pregunté cuando su dedo se quedo paralizado al final de mi brazo.

-Nada... - hizo - Sólo intentaba controlar las ganas repentinas que tengo de besarte.

-¿Qué? - sentí que se me atascaba la voz.

-¿Sabes lo qué soñé anoche? - me preguntó, negué con la cabeza - Soñé que después de clase, en lugar de marcharte como siempre, me llevabas a los baños de la facultad...

-¿Sí? - pregunté.

-Sí.

-¿Y para qué te llevaba ahí?

-Para hacerme gemir tu nombre.

Todas mis terminaciones nerviosas estaban alerta en ese instante. Ella lo había dicho como si nada, pero la imagen de Camila contra la puerta de los baños de la facultad, gimiendo mi nombre flojito en mi oído, me acababa de dejar fuera de juego.

-Lauren... ¿Puedo pedirte un favor? - me dijo, casi susurrando.

-Dime - volví a tragar saliva - ¿qué quieres?

-¿Me pasas mis pantalones? - me quedé completamente desconcertada, era lo último que esperaba que fuera a pedirme.

-Claro - dije sin entender qué acababa de ocurrir. Alargué el brazo y se los tendí.

-Gracias, muy servicial - y se los puso, sin más.

*Camila

La cara de Lauren era un cuadro. Tendría que haber podido sacarle una foto. Me observaba mientras yo me ponía tranquilamente los pantalones. Dos segundos antes la había tenido al borde del colapso y ahora la magia se había roto por completo.

-¿Vamos para abajo? - pregunté poniéndome de pie. Ella me miró, confundida.

-Eh, sí, vamos... - reaccionó finalmente.

Me abrió la puerta y yo salí de la habitación con una sonrisa de autosuficiencia apuntándome aquella victoria. Las otras chicas y Dinah nos esperaban abajo, aún podía reconocer el enrojecimiento en las mejillas de Lauren y eso me encantaba. Ese curso iba a ser interesante, cuatro chicas intentando acostarse conmigo, sin saber que me había enterado, y yo... Yo haciéndolas sufrir a todas. Sobre todo a la morena de ojos verdes, la muy idiota realmente me había llegado a interesar. Y eso iba a hacérselo pagar con creces.

Capitulo 4

Camila*

Le tendí el móvil a Dinah, ella se acomodó en su cama mientras yo me quitaba los jeans y buscaba los shorts de mi pijama. Los encontré en el fondo de mi armario, encima del montón de ropa que se había formado al unir mi indecisión con mi pereza e incapacidad para volver a colocar la ropa en su sitio. Y así como no había guardado esa ropa, tampoco me molesté en doblar los vaqueros y los dejé encima del montón. Pero no, no podía dejar eso así... Mi conciencia no me iba a permitir dormir con ese desastre, así que cerré las puertas del armario.

-Oh, mucho mejor - me dije a mi misma.

-Que zorras... - la voz de Dinah me recordó que aún tenía mi móvil en sus manos - Mila, a mi me hace alguien esto y le cruzo la cara como lo mínimo.

-Ya... -Dinah me devolvió el móvil y yo me dejé caer en mi cama - Pero ahora juego con ventaja - había hecho fotografías de esa libreta - Ahora yo lo sé, pero ellas no saben que lo sé...

-¿Crees que es buena idea jugar a ese juego?

-Son los juegos de Camila, ¿no sabes leer? ¿Quien va a jugar mejor a ese juego que yo?

-Suena a unos juegos del hambre un poco para adulto s...

-El sexo es para adultos pero matar con un arco y flechas a un montón de críos que se encuentran contigo sobre el terreno no. Que grande es América - ironicé.

-Ya me entiendes... - protestó Dinah.

-Bueno, el caso es que juego con ventaja y encima estoy cabreada. Creí realmente que eran simpáticas conmigo.

-Las latinas cabreadas me dais miedo - comentó.

-¿Qué? - hice.

-¿Qué? - me imitó. Le lancé una de mis almohadas - Calma, princesa - río - Pero que conste que yo te avise de que eran unas falsas.

-Buenas noches Dinah... - le dije, estaba agotada después de esa fiesta y no me apetecía un sermón de "ya te lo dije".

-Buenas noches, Mila, cuidado no venga nadie a intentar acostarse contigo...

-¿Es una declaración de intenciones? - levanté una ceja.

-No te tocaría ni con un palo -respondió.

Lauren*

El despertador no había sonado, normalmente no me hubiese importado porque la clase de la profesora Cady era la cosa más aburrida del planeta, pero después de lo que había pasado el sábado con Camila, necesitaba verla. Había algo en todo aquello que no me cuadraba: ¿por qué se había metido en mi cama sin ropa si no quería nada más? ¿Había malinterpretado alguna señal? ¿Había tardado demasiado en reaccionar? Tengo que reconocer que la foto que me había mandado Camila se había convertido en el bien más preciado de mi teléfono. Casi me conocía su abdomen de memoria, no era propio de mi babear como un quinceañero con una foto, pero no podía evitar mirarla como si fuera a responder a mis dudas y, para ser sinceros, Camila estaba muy buena.

-Jauregui, llegas tarde - la señora Cady era profesional en decir cosas obvias, uno de los motivos por los que sus clases eran tan terriblemente aburridas.

-Lo siento, había un accidente en la autopista - dije, buscando a la morena con la mirada.

-¿Desde cuando viene usted por la autopista? - ah, ahí estaba, en el fondo de la clase. Sus ojos, al igual que los del 80% de la clase estaban clavados en mi - ¿Va a sentarse?

-Ah, sí, perdón - reaccioné, escuché un par de risitas pero no me importó.

Caminé entre las sillas de estudiantes hasta que alcancé la que quedaba justo detrás de Camila. Ella me sonrió, jugueteando con el boli en la comisura de sus labios. Me senté y dejé mi bolso en el suelo. Saqué una libreta para hacer el amago de que iba a tomar apuntes, como si la profesora fuera a decir algo más aparte de lo que ya ponía en la presentación de diapositivas. Cuando volví a alzar la vista, me encontré a Camila mordiendo la tapa del boli suavemente. Me pilló mirándola y se mordió el labio para después girarse y atender.

-¿Lo pasaste bien? - le susurré.

-Genial - contestó.

-Te fuiste muy pronto... - me quejé.

-Bueno, tenía cosas que organizar el domingo - se dio la vuelta y quedó frente a mi - ¿Qué pasa? ¿Querías que me quedase más rato?

-Bueno... No hubiese estado mal... - reconocí - Podrías volver algún día por ahí, ya sabes... Te llevas bien con mis amigas, ¿no?

-Sí, me llevo genial con ellas - contestó dibujando una sonrisa maliciosa - Sobre todo con Keana.

-¿Qué? ¿Por qué dices...

-¡¿Le parece poco interrumpir mi clase una sola vez, señorita Jauregui?!

Su grito me asustó y alcé la vista para encontrarme a la señora Cady blandiendo el mando del proyector como si fuera a apuñalarme con él o algo. Miré a Camila en busca de algún tipo de apoyo, pero ya se había dado la vuelta y estaba actuando inocentemente. Me encogí en mi asiento e hice rodar el boli entre mis dedos.

-Perdone...

-Esto no es un instituto, no tengo porque andar regañando a los alumnos - protestó - cuando yo tenía vuestra edad no se nos ocurría interrumpir una clase universitaria.

-Lo siento, he dicho - repetí, irritada.

-Si no quiere estar aquí puede irse a fumar porros al césped del campus con todos los demás jóvenes sin respeto por la educación - me sugirió.

-¿Sabe qué? Tiene usted razón - me levanté y recogí mis cosas - No tengo nada que hacer aquí.

Entonces reaccionó, Camila volvió a girarse y me miró mientras yo recogía mis cosas. Pero era tarde, había soltado lo de Keana y me había dejado con el culo al aire, como si hubiese estado hablando sola todo el rato. Ni siquiera le dije adiós y me largué. Estaba indignada. La profesora Cady me ponía de mal humor, sentía la sangre quemar por mis venas y ganas de gritarle a alguien. No di un portazo porque no me apetecía que me abriesen expediente por altercados en mitad de mi facultad, pero me dirigí directamente al baño y pegué un puñetazo a las baldosas blancas de la pared.

-Maldita sea - dije sacudiendo la mano dolorida.

-¿Lauren? - me giré sobresaltada para encontrarme a Normani lavándose las manos - ¿Está todo bien?

-La señora Cady es una zorra malfollada - protesté.

-Madre mía... ¿En serio? - se río en mi cara y eso solo me puso más nerviosa.

-Dejame en paz - le escupí.

-Lauren, ¿no eres mayorcita ya como para tener estos berrinches por una profesora?

-He dicho que me dejes en paz - repetí.

Normani se encogió de hombros y pasó por mi lado sin dejar de sonreír. Tenía razón, aquello no tenía nada que ver con la profesora. No... Lo que había encendido mi mecha es que me interrumpiese justo cuando Camila acababa de mencionar a Keana. ¿Qué pasaba con Keana? ¿Había hecho algún movimiento? ¿Le gustaba a Camila? ¿En serio le interesaba Keana después de meterse en mi puta cama? Dios, estaba en mi cama y no quiso nada de mi, me hubiese podido tener y simplemente se marchó... Si eso no era falta de interés, no sé que lo era.

Me miré al espejo, tenía los ojos brillantes y una expresión de asco en la cara. Intenté convencerme de que eso no me acababa de pasar, de que no acababa de perder los nervios por culpa de Camila, ni de coña. Y mucho menos iba a estar yo sintiéndome inferior a Keana, ni insegura. Yo no podía sentirme insegura, iba a ganar esa mierda de juego. No podía rendirme a la primera de cambio, además, Camila solo había dicho que se llevaban bien, ¿no?

-¿Ahora discuto conmigo misma? - le pregunté a mi reflejo.

La razón logica de todo aquello era que no se me daba bien perder. Jamás había perdido, no llevaba bien esa sensación de no tener el control de la situación. Cualquier chica hubiese pagado por estar en mi cama, no es que hiciera ese tipo de cosas, pero estaba segura de ello. Probablemente ahora estaría super tranquila si Camila se hubiese quedado en mi cama, probablemente ni siquiera habría ido a clase porque el juego ya habría acabado. Podría restregarle a mis amigas que, una vez más, yo ganaba. Pero no se quedó y aquello me había dejado completamente descolocada, normalmente la parte difícil de acostarse con alguna chica era meterla en la cama, una vez estaban dentro no solían querer marcharse, pero ella lo había hecho. ¿Era una perdedora ahora? Aquello era un puto chiste, no tenía sentido.

Camila*

Si soy sincera, me decepcionó que Lauren se marchase de clase. A pesar de que no tenía intención de colaborar en su jueguecito, sino más bien de complicárselo, me gustaba su presencia. Esos ojos verdes brillantes me daban vértigo, haciendo que recorrieran chispas por mi piel. Dos segundos era el tiempo máximo que podía estar mirándola, no podía más, me intimidaba. Aunque cuando sonreía parecía una criatura, se le achinaban los ojos y enseñaba sus dientes blancos enterneciendola. Aquella ternura, sin embargo, duraba poco porque después volvía a su posición de chica que sabe que está buena y todo lo tierno volaba lejos. También me gustaba su pelo, era negro, largo y ondulado. Caía por su espalda y le quedaba tan rebelde cuando llevaba aquella chupa de cuero... Con el bolígrafo acabé de dibujar su silueta, de marcarle las ondas del pelo. No me atreví a dibujarle los ojos, pero sí que le hice el contorno de todas su curvas.

-Mierda - me dije a mi misma, antes de ceder ante la necesidad de levantarme y de ir tras ella.

Cogí todas mis cosas, sin siquiera preocuparme de como quedaban tiradas dentro de mi mochila y salí por la puerta. ¿Ventajas de la universidad? Nadie te preguntaba a dónde ibas si te largabas en mitad de una clase. Avancé por el pasillo y me crucé a Normani, que venía sonriendo y negando con la cabeza.

-Ey, Mila - me saludó.

-Ey - respondí sin siquiera pararme, aunque en mi defensa diré que ella tampoco se paró.

Entré en los baños empujando la doble puerta de madera estilo antiguo oeste. Lauren estaba apoyada en la pared blanca, al lado de la ventana, fumando un cigarrillo con la mirada algo perdida.

-¿Qué haces aqui? - me preguntó a la defensiva, apagando el cigarrillo y tirándolo por la ventana. Estaba de mal humor, era obvio que no se le había pasado.

-Primero, este baño es público y segundo, eso después se lo comen los pájaros y se ahogan - me miró con expresión confusa - La colilla, Lauren - hice señalando la ventana por la que acababa de tirar aquel arma mortal anti pájaros.

-Pues... ¿Lo siento? - hizo encogiéndose de hombros.

-¿Por qué te has ido así? ¿Tan mal te cae la señora Cady?

-En verdad estoy de mal humor hoy, no es culpa suya- me contestó.

-¿Y por qué estás de mal humor? - pregunté.

Lauren sonrió, pero fue una de esas sonrisas sarcásticas que dibujas cuando en verdad piensas que la otra persona es gilipollas, pero no se lo dices, solo sonríes sarcásticamente y miras a otra parte. Eso me hizo gracia, ¿había sido tan fácil sacarla de quicio? Yo acababa de empezar con aquello y ella ya se estaba rebotando contra el mundo. Era como una criatura que no sabía perder a las cartas.

-¿Qué pretendes? - me preguntó de repente.

-¿Qué pretendo de qué?

-Lo del sábado... La foto, tú en mi cama... ¿Cual era la finalidad? ¿Reírte de mi? ¿Pretendías ser graciosa? ¿Te burlaste de mi después con tu amiga Dinah?

No pude evitar reirme, no lo hice apropósito. Solamente me hizo gracia la desesperación con la que intentaba encontrarle una lógica. Ella bufó y se incorporó dejando atrás la pared blanca. Me miró con asco y entonces me di cuenta de que acababa de cabrearla porque pasó por mi lado y se fue.

-¡Espera! - grité, siguiéndola.

-¿Quién te crees que eres para reírte de mi? - me preguntó cuando llegué a su altura a medio pasillo, frenó en seco y me clavó una mirada asesina, di dos pasos atrás - Sólo eres una novata de mierda - me hundió un dedo en el hombro, empujándome contra la pared - Seguro que eras alguien en tu instituto pero aquí no eres nadie - me aseguró casi en un susurro - Sólo una zorrita más que intenta provocar para llamar la atención.

-¿Crees que me importa lo que pienses? - le pregunté, sin dejar que se notase lo mucho que me intimidaba su mirada. Ni siquiera me ofendí con sus palabras, porque su actitud me estaba encantando, tenerla así era precisamente mi objetivo.

-¿Por qué te metiste en mi cama? - me volvió a preguntar.

-Porque es donde quieres tenerme - respondí.

*Lauren

No podía estar pasando. Me quedé helada cuando dijo aquello. ¿Quién era esa chica para hablarme así?

-¿Te crees que eres especial? - le dije alejándome un poco de ella, reemprendiendo mi marcha por el pasillo, ponerme agresiva sólo iba a hacer que se sintiera más importante de lo que era.

-No lo creo, lo sé - dijo volviendo a ponerse a mi altura - Y te encanto - me dibujó una sonrisa que dejaba ver todos sus dientes, sus labios dibujaron una curva perfecta y sus ojitos brillaban por el reflejo de las luces.

-¿Y tú qué sabes? - hice, disimulando las ganas de sonreírle de vuelta.

-No sé, viniste en seguida cuando viste la foto... ¿No? - no podía seguir enfadada, aquella chica tenía la sonrisa más bonita que había visto nunca, y aquella naricilla me hacía gracia, sólo tenía ganas de tocarla.

-Bueno, estabas en mi cama sin ropa, cualquiera hubiese ido. - le reconocí.

-Cualquiera a quien le apeteciera tenerme en su cama sin ropa - remarcó, eso me hizo gracia, la forma que tenía de hablar era muy distinta a todas esas chicas que intentaban ligar conmigo. No sabía si pretendía hacerme reír o realmente le salía natural.

-Está bien, Camila, tú ganas. Me has confundido, me has puesto nerviosa y me has dejado como una idiota.

-Oh, no ha sido un gran esfuerzo tampoco - me dijo cuando llegábamos a la puerta del edificio.

-Bueno, tampoco tienes que quitarte méritos, seguramente por eso te llevas bien con Keana, a ella también le gusta dejarme en evidencia - fue adrede, saqué el tema de Keana para ver qué me decía de ella.

-Keana es simpatica - fue su sentencia.

-No creas, en verdad suele ser buena actriz cuando le interesa alguien.

-¿Le intereso? - el sol me agredió los ojos cuando salimos fuera de la facultad.

-Mmm, supongo que como cualquiera que quiera tenerte desnuda en su cama - dije imitándola - solo quiere tenerte en su cama - repetí, por si no había quedado claro - Como a todas las otras que ha tenido allí.

-¿No es tu amiga? - me preguntó.

-Claro, es una de mis mejores amigas - contesté.

-¿Entonces por qué estás intentando dejarla mal? ¿Eso no debería estar... mmm... prohibido? - pronunció la palabra "prohibido" de forma peculiar, como si supiera acerca de las normas de nuestro juego y me estuviese riñendo por saltarmelas. Pero obviamente eso era imposible, ella no tenía ni idea de la existencia de ese juego, de ser así seguramente no hubiera estado hablando conmigo y me habría ganado ya una bofetada por idiota.

-Bueno, sólo digo la verdad, a Keana le gusta jugar con la gente - no era verdad, no del todo. Keana no era una chica de relaciones serias, pero no solía prometer nada y la gente con la que se acostaba sabía que no iba a tener precisamente un romance con ella.

-Bueno, pues quizá conmigo no sea así - me dijo muy segura.

-¿Te interesa Keana? - le pregunté.

-Está buena - contestó.

-¿Entonces por qué no te metiste en su cama? - pregunté levantando una ceja.

Y se quedó callada y ahí fue cuando supe que aquella batalla la acababa de ganar yo. La había dejado en game over, solamente supo encogerse de hombros y sonreir. Susurró algo como "no sé".

-¿Te vas a ir a fumar porros al césped del campus con los otros jóvenes sin respeto por la educación? - inquirió imitando las palabras de la profesora Cady. No pude evitar reírme otra vez.

-No, me voy a mi casa a fumármelo con alguna de mis amigas, si es que no han decidido ir todas a clase hoy - Camila seguía ahí de pie, tuve ganas de pedirle que viniese conmigo, de decirle que le perdonaba lo del sábado si se venía conmigo a mi casa un rato. Pero no lo hice. Solamente le sonreí, no sé por qué lo hice.

-Bueno, pues que lo paséis bien - eso sonaba a despedida, y a pesar de no querer dejarla atrás, por ese día iba a retirarme ya.

-Gracias, Camz - respondí.

Su sonrisa desapareció por medio segundo pero pronto la recuperó.

-De nada, Lauren - puso una mano sobre mi hombro y se inclinó para darme un beso en la mejilla - Si quieres más fotos solo tienes que pedírmelas - me susurró al oído justo antes de darse media vuelta y volver a meterse dentro del edificio.

-¿Qué coj... - ni siquiera acabé la pregunta, porque estaba completamente sola.

Llevé una mano a mi mejilla, donde los labios de Camila se acababan de posar. ¿Qué me estaba pasando con aquella chica?.

Capitulo 5

Lauren*

La música retumbaba en las paredes de mi habitación y el humo se elevaba, iluminado con la tenue luz de una lámpara semi cubierta. Keana le dio un par de tiros a lo que estábamos fumando y se lo pasó a Vero. Después de eso sonrió a la nada, con los ojos brillantes y rojizos, y de repente sus ojos se posaron en mi.

-¿Te molesta que haya quedado con ella? - preguntó.

-¿Qué? - me hice la despistada, como si no llevase un rato dandole vueltas.

-¿No quieres saber qué hemos hecho? - utilizó un tono de voz que sabía que me pondría nerviosa.

-No te la has tirado, ¿qué más da? - pregunté.

-No sé, igual tienes miedo de que sea la primera vez que pierdes en algo así... - Vero y Lucy nos observaban, como si no formaran parte de aquello y solamente fueran espectadoras.

-Oh, pasas una tarde con ella y ya te crees que has ganado... - dije con sorna.

-Tienes miedo... - la luz la iluminaba parcialmente pero el humo me escocía en los ojos y la veía algo borrosa.

Vero me tendió el porro y yo pillé el mechero que tenía al lado. Lo utilicé para encenderlo bien y lo coloqué entre mis labios. La canción cambió y los bajos de la música me pusieron la piel de gallina. Lucy se estiró y apoyó la cabeza en las piernas de Vero.

-¿Estás segura de que no quieres saberlo? - volvió a preguntar mientras yo observaba el humo que acababa de salir de mis pulmones.

-No - respondí.

Keana dibujó una sonrisa maliciosa y se acercó más a mi. Tomó el mechero que acababa de usar y lo puso entre sus dientes, jugueteando con él. Mis ojos fueron directamente a sus labios pero desvié la mirada en cuanto fui consciente.

-Te gusta - sentenció.

-Estás loca - contesté, pasándole el turno a Lucy que se incorporó levemente.

-Si te gusta, te conozco, te pone nerviosa la idea de que pueda ganarte, pero no sólo porque puedas perder. Ni siquiera quieres escucharme hablar de esta tarde.

-Es porque no me interesa lo que hagas con tu vida.

-Mentirosa - sus sonrisa me estaba poniendo nerviosa - Te gusta Camila.

-No - repetí - Dejalo ya.

-Demuéstramelo - Keana se incorporó sobre sus rodillas a mi lado y dejó el mechero en el suelo.

-¿Y cómo te lo demuestro?

-Hace mucho que no me besas Laur - dijo con voz mel osa...

-Keana... - protesté.

Lucy y Vero ni siquiera se inmutaron. Ambas iban bastante colocadas y estaban tiradas en el suelo de mi habitación con más posibilidades de quedarse dormidas que de seguir con lo que estábamos haciendo. Keana me miraba, provocativamente, como sólo ella sabía mirarme.

-¿Entonces doy por sentado que tus celos son porque no quieres que me lie con Camila? - preguntó.

Era un juego absurdo y ni siquiera tenía sentido lo que decía, pero me estaba poniendo nerviosa diciendo aquello tantas veces. No quería admitirle nada, a mi no me gustaba Camila. Y sí, la idea de que Keana y Camila hubiesen pasado la tarde juntas me molestaba, pero no era por eso. No, era imposible que fuera por eso.

Me incliné hacia delante y posé mis labios sobre los de mi amiga. Quería convencerla de que no tenía razón.

-¿Qué ha sido esa mierda? - preguntó riendo - Puedes hacerlo mejor Lauren... Lo sé por experiencia.

Un escalofrío me recorrió por la espalda al recordar una de las últimas fiestas antes del verano. Había bebido muchísimo, no solo yo, ellas también iban bastante pasadas. Vero había desaparecido con una chica alta y morena y Lucy estaba jugando al Beer Pong en la cocina con otros chavales. Keana había empezado a besar mi hombro cuando nadie nos miraba en el sofa. Sus dientes mordisqueando mi cuello hicieron que me costase tragar saliva. En ese estado ni siquiera me planteé que fuera mi amiga, ni mi compañera de cuarto. Más bien la idea de volver juntas a nuestra habitación me había cruzado la mente y había tardado medio segundo en llevármela escaleras arriba.

Me estremecí recordando como me había atrapado contra la puerta y había agredido mi boca con ansias. Sus manos recorriendo mi cuerpo y deshaciéndose de mi ropa acudieron a mi mente. Cerré los ojos con fuerza intentando apartar el recuerdo de sus piernas firmes entrelazadas con las mías entre sus sabanas, sacudí la cabeza inconscientemente para evitar pensar en su respiración o en la forma en la que había gemido mi nombre.

-Deja de jugar - le dije, volviendo a donde estaba - No me voy a liar contigo.

-Eres un rollo Lauren - protestó volviendo a sentarse en su sitio.

Camila*

La tarde con Keana había sido divertida. Era obvia su intención, a la minima que podía flirteaba conmigo. Su excusa era pobre, ¿como no iba a tener ella nadie con quien pasar un viernes por la tarde? Dudaba que Keana pudiera pasar si quiera una tarde aburrida sin hacer nada.

Sin embargo en mi cabeza solo estaba Lauren y el mensaje que me había mandado la noche anterior. Lo había leído unas cuantas veces y cada vez sentía el mismo hormigueo en el estomago: "¿Cuántas veces se puede mirar una foto antes de aborrecerla?" Sabía que me lo preguntaba porque yo le había insinuado que le mandaría más si me las pedía, había avivado sus esperanzas de ganar aquel juego. De todos modos, la idea de Lauren mirando mi foto o queriendo ver más me gustaba.

Además, con Keana me lo pasé bien y, a pesar de que sabía que quería lo mismo que Lauren, la forma en la que me sentía con ella era distinta. Ni siquiera me apetecía seguirle el juego demasiado, simplemente me reía y cambiaba de tema, podía ver la decepción en sus ojos pero era lo que se merecía por lo que estaba haciendo.

-Ei, ¿qué tal tu cita? - Dinah dejó sus apuntes sobre la cama y me miró sonriente - ¿La has torturado mucho?

-Que va... - me deje caer sobre mi cama mientras me quitaba la chaqueta - Más bien me sentía incomoda cada vez que me tiraba los trastos...

-¿Incomoda? - Dinah parecía confusa.

-Sí, era como que no estaba bien, ¿sabes?

-Oh, ¿Desde cuando intentar acostarse con alguien para ganar un maldito juego con tus amigas está mal? - preguntó sarcástica, me encogí de hombros - Vamos, Mila, se suponía que tenías que sacar ventaja y reirte de ellas, ¿acaso no fue divertido volver loca a Lauren el otro día?

Ahí estaba la cuestión. Torturar a Lauren si me gustaba. Cuando pensaba en ella utilizándome de esa forma me entraba una rabia increíble, y yo no era una persona especialmente malhumorada. Sin embargo mi ira se calmaba cuando la veía titubear, cuando su sonrisa se esfumaba y un estado de incertidumbre se apoderaba de ella. Mi ira se apagaba cuando se iba cabreada de clase, muerta de celos, viendo como su jueguecito no era tan fácil como se había pensado.

- ¿Es normal que quiera castigar a Lauren pero que me dé igual lo que haga Keana o las otras hagan con su vida? - le pregunté a mi amiga.

-Mmm, ¿Qué quieres decir?

-Pues que ahora que sé que solo es una especie de competición debería estar enfadada con todas, pero Keana me da igual. Es decir, ahora no me liaría con ella, quizá si no lo supiera sí, pero ahora no. Sin embargo eso de simplemente ignorarlo no me basta con Lauren, quiero que se arrepienta de utilizarme asi.

-Quizá es porque Lauren va de flipada, que se cree que puede contigo y con cualquiera, quizá es su ego lo que te molesta. Keana también lo tiene muy subido, pero no es tan descarado, su carácter es distinto... Más relajada quizá.

-Lauren es una prepotente - dije enfadada, de repente estaba molesta.

-No me digas, no me había dado cuenta - Dinah rodó los ojos y volvió a coger sus apuntes.

Lauren*

La casa estaba en el silencio más absoluto, yo estaba algo mareada pero era la única de mis amigas que había sobrevivido y seguía despierta. Lucy se había apoderado de mi cama y estaba durmiendo placenteramente, las otras dos habían sucumbido en el suelo y no parecían molestarse con la dureza del mismo. Me levanté y cogí mi movil para después salir de la habitación. Nunca dejaba el movil sin vigilancia en aquella casa llena de víboras.

Entré en el baño y dejé correr el agua mientras subía de temperatura. Me miré en el espejo, tenía los ojos enrojecidos y la piel blanca. Metí las manos bajó el agua y me mojé la cara. Cuando me estaba secando con la toalla mi movil vibro en el bolsillo trastero.

"Mensaje de Camila Cabello""Mensaje de Camila Cabello"

Volvió a vibrar antes de que pudiera desbloquearlo.

"Camila Cabello te ha mandado una imagen"

Se me cortó la respiración. Escribí la contraseña en el movil, "0727", a toda velocidad. Tragué saliva antes de abrir mis mensajes.

"camila: ¿has descubierto ya la respuesta a tu pregunta?"

"camila: espero que no, no quiero que aborrezcas mis fotos..."

"camila: buenas noches

Me recorrió un escalofrío por todo mi cuerpo, prácticamente sentí como me temblaban las piernas.

"Lauren: ¿qué pretendes?"

"Camila: Darte las buenas noches, ¿no sabes leer?"

La imagen había avivado todas mis terminaciones nerviosas, la idea de deshacerme de su ropa interior con los dientes me golpeó como una bola de demolición.

"Lauren: ¿y pretendes que duerma después de mandarme algo así?"

"Camila: Oh vamos, eso no es nada, seguro que te han mandado cosas peores..."

Y no estaba equivocada, más de una chica de la universidad me había mandado fotos en las que no llevaban tanta ropa como ella. Sin embargo, que Camila jugase así, sin darlo todo de golpe, me gustaba mil veces más.

Aún así quería más, y estaba segura de que mis deseos tarde o temprano se verían cumplidos. Nadie se resistía a mi. Y sólo pensar en aquello, en Camila vestida de esa forma pero en mi cama, a la espera de que yo acabase de desnudarla, me nublaba la vista

"Lauren: ¿Por qué te fuiste de mi cama?"

"Camila: ¿Todavía con eso? No lo superas..."

La rabia me invadió. No me gustaba que me vacilaran. ¿Quien se creía que era aquella chica? Tenía que ponerla en su sitio, iba a hacerlo. Cuando la hiciese mía iba a demostrarle quién mandaba y quién iba a ser incapaz de superarlo.

"Camila: ¿sigues ahi?"

"Lauren: aqui estoy"

"Camila: ya podrías estar entre mis piernas..."

Casi me atraganto sola al leer aquello. La imagen de sus piernas largas y tostadas, que me habían hipnotizado desde el primer momento, entorno a mí me provocaba calores. Estiré el cuello de la camiseta de mi pijama porque empecé a sentir que me costaba respirar.

"Lauren: no juegues"

"Camila: yo creo que te encantan los juegos"

Quise preguntarle a qué venía aquello, pero Camila no respondió más. Y tuve que sentarme unos segundos en el suelo, con la espalda apoyada en la bañera, intentando calmar mi mente drogada y acalorada. La foto de Camila estaba en pantalla, lo que no ayudaba en absoluto, pero no era capaz de sacarla. La idea de estar entre sus piernas me tenía alterada, no podía volver de esa forma a mi habitación y arriesgarme a que alguna se hubiese despertado. Cuánto más quería alejar la idea de tener a Camila desnuda en mi cama y agarrandose con fuerza a mis sabanas, más viva era la imagen. Tenía muchisimo calor, crucé las piernas en un impulso por calmar mis instintos. Me mordí el labio con fuerza y cerré los ojos. ¿Cómo debía ser oirla gemir? Apreté los puños clavandome las uñas en las palmas de mis manos.

-Mierda - me dije a mi misma.

Volví a mirar la foto de Camila. La costura de su ropa interior, sus piernas firmes, su abdomen a la vista. Me volvió a costar tragar. Mi propia mano había empezado a acariciar mi abdomen inconscientemente, mis ojos estaban clavados en la fotografía. Sentía como la sangre corría toda en la misma dirección y la necesidad de calmar mis ganas se empezó a apoderar de mi cuerpo. Cerré los ojos de nuevo, deslizando mi mano por debajo de la goma de mis pantalones.

-¿Lauren? - la voz de Lucy al otro lado de la puerta me sobresaltó y me puse de pie como un resorte - ¿Estás ahí adentro?

-¿Qué pasa? - pregunté sintiendo como se me subían todos los colores a las mejillas.

-Necesito usar el baño...

Camila*

Una sonrisa de satisfacción se dibujó en mi cara. Sabía perfectamente que la noche de Lauren iba a ser un poco más complicada por mi culpa, y encima la había dejado sin responder su curiosidad. Sabía que Lauren no iba a permanecer impasible, que como minimo la había alterado y se lo merecía. Se merecía que me riese asi de ella y que jugase así con ella, se merecía pasar una noche complicada soñando con algo que no le iba a dar.

Por otro lado, la idea de tener a Lauren entre mis piernas me había dejado un poco aturdida. No esperaba que me afectase decir aquello, pero desde que se lo había dicho que no dejaba de imaginarlo. De hecho la idea de Lauren viendo alterada la foto que acababa de mandarle me encendía demasiado. No debía hacerlo, Lauren solo quería utilizarme, pero no podía evitarme imaginarmela mientras yo le enviaba las fotos. De imaginar cómo me miraría, qué pensamientos le vendrían a la cabeza, cual sería su reacción... Recordé su mirada el día que subió a su habitación para encontrarme en su cama y sentí otra vez ese hormigueo debajo de la piel. Suspiré de nuevo regresando a la idea de tener a Lauren entre mis piernas y las cruce instintivamente, como callando ese pensamiento. Esa noche recé a todos los Dioses para suplicarles que aquel juego absurdo no se me fuera de las manos por culpa de Lauren Jauregui. Era yo quien tenía que provocarla, no al revés.

"Lauren: veo que no respondes, buenas noches Camz, nos vemos en clase"

Sonreí como una boba sin poderlo evitar, no quise responder porque supuestamente ya estaba dormida, pero la idea de Lauren queriendo verme de nuevo me gustaba.

-Mierda - susurré para mi.

Capitulo 6

Camila*

-¡Me encanta esta canción! - Dinah gritaba cerca de mi oído porque sino no la habría escuchado ni en mil años.

-¡Dios yo ya estoy cansada de tanto oirla! - le respondí.

Ella se rió.

-Escucha escucha - hizo - ¡GIVE IT TO ME I'M WORTH IT! - bailaba como una loca y me encantaba.

Era cierto, esa canción la había escuchado durante todo el verano y ya me aburría, pero el ritmo era tan pegadizo —y yo iba tan ebria —que me puse a bailar con ella al ritmo de la especie de remix que había hecho el DJ.

-¡CAMILA! - oí mi nombre de repente y me giré para encontrarme a Vero con un vaso de tubo en la mano sonriendo de oreja a oreja.

-Ei! - hice a modo de saludo.

Vero me abrazó efusivamente y casi tira todo lo que el vaso contenía. Estaba eufórica, su maquillaje era casi profesional y llevaba un vestido negro ceñido a cada una de sus curvas, muy corto. Le brillaban los ojos.

-¿Con quien vienes? - le pregunté mientras ella se sacud-ía con la música.

Se rió. Se quedó quieta por un momento y me miró de arriba a abajo, descaradamente.

-¿Me preguntas por curiosidad o por si he venido con Lauren? - me preguntó al oído.

-Yo... Curiosidad - hice. Volvió a reirse - ¿qué pasa?

-Está ahí - levantó el brazo con el que sostenía el cubata y señaló a la zona de arriba, donde estaba el reservado VIP - ¿Tenéis pases?

-No a todas nos llueve dinero de nuestros papis - contestó Dinah, que parecía que se le había explotado la burbuja.

-¿Y no queréis? - la sonrisa de Vero no se perturbó ni un poco por la actitud de Dinah. Me pregunté si acaso se le borraba alguna vez de los labios

-¿Lo dices en serio? -dije incredúla.

-Claro, princesa - se mordió el labio y sentí un escalofrío. Los ojos de Dinah se clavaron en mi. Ella se metió la mano dentro del escote y sacó dos fichas de plástico pequeñas - Nos han fallado un par de amigas. Si vais ahí, os lo cambian por la pulsera - dijo señalándome a uno de los seguratas que estaba apoyado en la pared del guardarropa.

- Oh, gracias, eres muy amable - le dije, ella me puso las fichas sobre la palma de la mano y me cerró los dedos alrededor de ellas.

-De nada - me guiñó un ojo - Saluda a Laur de mi parte - y se esfumó entre la gente.

-¿Y esta loca? - preguntó Dinah viendo como Vero desaparecía.

Lauren*

Otro chupito más y sería el octavo, o el noveno. ¿El décimo? De la noche. Miré a Keana que tenía los ojos vidriosos y me sonrió. Sus piernas estaban encima del regazo de la chica nueva de la hermandad. Habían estado comiéndose la boca por media hora mientras yo trataba de encontrar a alguien interesante. Pero que va, la misma gente de siempre.

-Voy al baño - le dije a mi amiga.

-¿Voy contigo? - miré a la rubia con la que estaba, y negué con la cabeza.

-Es un segundo, K, ahora vuelvo, me estoy meando.

Cuando me levanté sentí que todo a mi alrededor daba vueltas. Tuve que apoyarme en un chico que tenía enfrente para no caerme y al chaval le faltó babear cuando se giró a verme. Rodé los ojos ante su sonrisa bobalicona y ni siquiera escuché lo que me dijo, porque realmente necesitaba ir al baño y ya no sabía si necesitaba vomitar aquel último tequila o si iba a mantenerse dentro de mi cuerpo.

Avancé a trompicones entre la gente, la música me golpeaba. Reconocí la canción que estaba sonando porque la habían puesto en todas las fiestas en las que había estado. Me gustaba, de verdad, pero le faltaba algo. Quizá una voz en concreto, no sé, pero estaba bien. Fui tarareando el "worth it" del estribillo hasta que llegué al baño. Tuve suerte y una chica acababa de salir de uno de ellos. Entré y sentí claustrofobia, estaba muy mareada para el espacio tan pequeño en el que me encontraba. Además, escuché ruidos sospechosos del baño de al lado y traté de no escuchar, no me apetecía ser testigo del momento de otras dos personas.

Al salir me miré al espejo. Mi pintalabios estaba intacto, eso era mala señal. ¿Cuánto llevaba sin enrollarme con nadie? Me había obsesionado tanto con el juego de Camila que apenas me había interesado en ligarme a otras y ahí estaba: sola de fiesta. Yo, Lauren Jauregui, sin un ligue, sin alguien que llevarme a casa o a la parte trasera de su coche. Nadie que apagase lo que las fotos de aquella morena encendía en mi cada vez las veía, y joder, las veía constantemente.

-Esto no te lo perdono Cabello - dije en alto.

-¿El que no me perdonas? - me quedé helada viendo el reflejo de Camila detrás mía.

-Camz... - no me giré, mis ojos se clavaron en su reflejo en aquel espejo sucio. Se clavaron en su blusa negra y transparente, para ser concretos. Me sonrió y sentí un cosquilleo bajo la piel.

-Sorpresa - me susurró al oído, cortando la distancia que había entre las dos. Pensaba que era una alucinación hasta que sentí sus manos en mi cintura. Tragué saliva inconscientemente.

Sentí que me quedaba sin aire, necesitaba reaccionar. Y lo vi muy claro, sin necesidad de girarme porque el baño del que acababa de salir seguía con la puerta abierta. Me di la vuelta y la empujé dentro.

-Wow, calma - hizo ella, pero no parecía molesta, más bien seguía sonriendo y su sonrisa era la más bonita que había visto en toda mi maldita existencia.

No pude contenerme. En cuanto cerré la puerta mis manos corrieron a su cuello y mi boca buscó la suya. Con el impulso dimos un paso adelante, y cuando mis labios agredieron los suyos su espalda chocó con la pared.

Camila*

Cuando Lauren me empujó dentro del baño sentí que una oleada de calor recorría mi cuerpo. Y entonces sin querer me encontré contra la pared y con su boca contra la mía. Lauren sabía a Tequila. Quise zafarme, sabía que no debía dejarle ganar. Pero Lauren agredió mi boca, sentí sus ansisas, su respiración agitada. Correspondí al beso sin poder remediarlo, conuna sed loca de probar sus labios, como si realmente fuera la última vez que iba a besar a alguien. Lauren parecía también desesperada. Sus manos se metieron debajo de mi blusa, por mi espalda, sentí sus uñas clavarse suavemente en mi piel haciendo que mi cuerpo se tensara. Hacía muchisimo calor pero no quería que se acabase nunca.

-Dios... - hice cuando se separó un poco para tomar aire.

-Sorpresa - contestó con mirada felina, tan cerca de mi boca que pude sentir su aliento.

Suspiré. Intenté controlar mi respiración, que se había vuelto loca por culpa de lo que acababa de pasar. Su pintalabios se había difuminado, pero eso aún la hacía verse más sexy. Sabía que no debía, sabía que aquello era lo que ella buscaba: ganar ese maldito juego. Pero no me importó. Quizá fue el alcohol, quizá fue que Lauren me traía loca, pero no dejé que se alejase ni un centimetro más y la besé de nuevo. Me colgué de su cuello con ambas manos y ella me agarró de la cintura sin dejar de besarme, su lengua encontró la mia y volví a sentir el sabor a tequila. Su boca era adictiva y hacía que quisiera cosas que tenía prohibidas.

-¿Camila? - la voz de Dinah me devolvió al planeta Tierra. - ¡Mila dónde estás!

Mierda, había dejado a mi amiga completamente sola y ni si quiera me había acordado. Por unos segundos había olvidado dónde estaba, quién era y qué hacía ahí. Lauren me miró, levantando una ceja y yo puse un dedo sobre sus labios para que no hablase, su pecho subía y bajaba acelerado.

-¡Estoy aquí! - grité, esos ojos verdes estaban clavados en mi.

-¿Te encuentras bien? Tardas mucho...

-Ya salgo - tiré de la cadena para que hiciese ruido - sal en cinco minutos - le susurré al oído. Ella agarró mi cadera y mordió mi boca, sus labios sellaron los míos por última vez.

-Vale - susurró sonriendo.

Salí de ahí intentando no abrir mucho la puerta y me encontré a Dinah mirándose al espejo. Me sonrió con expresión cansada.

-Había mucha cola - le dije a pesar de que el baño estaba vacío.

-¿Qué te ha pasado en el pelo? - preguntó, entonces con expresión confundida pasó un dedo por la comisura de mi labio y lo miró - ¿Es pintalabios?

Vi mi reflejo, tenía el pelo algo descolocado. Me aparté de Dinah y me peiné con los dedos.

-Mila... - empezó mirando al baño del que acababa de salir.

-Vamonos - dije, sin dejarla terminar.

Ella levantó las manos en gesto de derrota y salimos de ahí.

Lauren*

Le dije a Camila que iba a esperar cinco minutos, pero no sé cuánto rato estuve ahí dentro. Mi corazón iba jodidamente rápido y sentía un hormigueo insoportable en el estomago. Una estúpida sonrisa se había apoderado de mi cara y no había forma humana de borrarla. Tenía hasta ganas de saltar. Me mordí el labio inferior, tratando de contener esa sonrisa, y llevé mis dedos hasta tocarlo. Aababa de besarla. Dios, me había encantado.

Salí de ahí finalmente, me coloqué un poco el pelo y volví al sofá en el que Keana volvía a estarle comiendo la boca a la rubia, pero esta vez Lucy y Vero estaban también con ellas.

-¿De dónde vienes? - me preguntó Lucy cuando me senté.

-Fui al baño - contesté.

-¿Sola? - Vero levantó una ceja.

-No, con tu madre - respondí.

-No seas capulla - me dijo - tienes todo el pintalabios corrido Lauren...

Me lleve de nuevo las manos a mis labios, incoscientemente y la maldita sonrisa volvió en el momento menos oportuno. Lucy y Vero se miraron.

-¿Lauren? - hizo Lucy.

-Dios, dejadme, me lié con una o yo que se estoy muy borracha - contesté haciendome la loca.

-Ya, con una cualquiera y se te pone sonrisa de boba - apuntó Vero.

-Dejadla, se ha metido doce chupitos en lo que va de noche - Keana salió en mi defensa cuando dejó de comerle la boca a la rubia - Seguro no sabe ni como se llama - rió - igual se ha liado a una fea - me miró - o peor... A un tío.

Lucy, Vero y la rubia rieron. Yo sólo agradecí que mi amiga pensase eso. No entiendo por qué no les dije que había sido Camila la culpable, eso me habría dado puntos en nuestra competición, pero no quise. Simplemente me lo callé. Quería que aquello fuera un secreto entre ella y yo.

-¿Sabeis? - preguntó Vero, hablaba para todas pero sentí su mirada clavada en mi - He visto a Camila antes.

Camila*

-¿No vas a contarme quién había dentro del baño? - Dinah volvió al tema cuando bajamos del taxi y empezamos a caminar hacia nuestra casa - Esta claro que no estabas ahí dentro sola - eso lo descifré, porque lo había balbuceado en un idioma de borracho de pueblo ininteligible.

-Dinah...

-Camila, no nací ayer y tú no llevabas pintalabios antes de salir - me señaló acusadora - ¿conozco a la chica? ¿Es eso verdad?

-Te estás montando una pelicula - cuando me giré para abrir la puerta aproveché para cerrar los ojos medio segundo y dejar que aquella sensación cálida recorriera mi cuerpo. No sabía por qué aquel beso me había trastornado tanto, pero recordar los labios de Lauren me despertaba cienmil mariposas en el estomago, ni siquiera me molestaba que fuera un juego en aquel momento.

-Vale, ya sé... No conocías a la chica - sentenció cuando conseguí abrir la puerta - Mila no tienes que avergonzarte, todos nos hemos liado con algun desconocido de fiesta.

-Estás gritando y son las cinco de la mañana - le dije.

-Uff, al menos estaría buena... - sus pasos no eran nada firmes y tenía miedo de que se cayese para atrás subiendo las escaleras - Mila, en serio, espero que al menos estuviese buena.

-Lo está - accedí, subiendo detrás de ella y vigilandola.

-¡Esa es mi chica! - gritó e hizo que le chocara los cinco.

-Shhhh - le tapé la boca riendo.

-Mejor vamos a dormir, ¿no? - me preguntó cuando le destapé la boca.

-Mejor... - respondí.

Me metí en cama y a los dos segundos escuché a mi compañera de habitación roncar. Yo estaba a punto de dormirme también cuando mi móvil empezó a vibrar en la mesilla.

-¿sí? - contesté susurrando.

-Bueeeeeeeenasnoches camilademicorazón - era la voz de Lauren, completamente borracha.

-Buenas noches - respondí, y otra vez esa maldita sonrisa.

-Hazme un favor, ¿quieres?

-Dime

-Sueña conmigo.

Capítulo 7

Lauren*

-Los grupos para los trabajos los tenéis colgados en el campus virtual, supongo que ya los habréis visto - el profesor Topo, como le llamábamos nosotros, empezó a recoger sus cosas. Algo pequeño me golpeó la espalda y me giré para ver a Normani saludarme con la mano.

-Adivino... - hice.

-Vamos juntas - se sentó en la silla a mi lado que hacía unos minutos ocupaba otro chico - Sara y Carlos también - su mueca de disgusto se me contagió - Les he dicho que nos lo dejen a nosotras, ¿vale?

-Mejor, paso de que me jodan la media - accedí.

-Así me gusta Jauregui - entonces se levantó - ¿El sábado por la mañana lo tienes libre?

-Mmm, claro, ¿vas a venir tú o voy yo?

-¿Crees que quiero pasear entre vasos de plástico y botellas de alcohol? - preguntó levantando una ceja.

-Vale, pillado, voy yo.

-Entonces nos vemos a las diez - sonrió y se dio la vuelta para caminar grácilmente hasta la puerta donde otra chica la esperaba.

Normani me caía bien, no éramos amigas precisamente, ella tenía unos valores y unas prioridades que no compartía pero al mismo tiempo si teníamos ciertas cosas en común. Conseguía todo lo que se proponía, hacía y deshacía a sus anchas, aunque la cosa que más nos unía era el hecho de que no soportábamos los estorbos. Sara y Carlos eran dos zoquetes. Apenas sabían escribir su nombre y ahí estaban, en la misma universidad que yo. Me indignaba. Mis notas, impecables, no podían jugársela a que alguno de los dos quisiera joder con alguna parida nuestro trabajo de cuatrimestre. Y Normani pensaba exactamente igual que yo: si les dejábamos hacer algo íbamos a tener que corregirlo y volver a hacerlo y aquello nos iba a llevar aún más trabajo que simplemente dejarlos al margen.

-¿Dónde está Vero? No la he visto en todo el día - pregunté cuando llegué a casa.

-Ha quedado con una chica que conoció el viernes - me dijo Lucy y se quedó pensativa mordisqueando la punta del boligrafo con el que estaba escribiendo sobre la mesa del comedor- Charlie, creo que la llamaban.

-Olvidate de que esa siga jugando - sentenció Keana.

-¿Por?

-¿Tú cuando has visto que Vero vuelva a quedar con alguien que conoce de fiesta?

Tenían sentido las palabras de Keana. Vero jamás repetía, sólo lo había hecho dos veces: con Lucy cuando estaban liadas hacía ya más de un año y con una chica con la que estuvo saliendo a finales del curso pasado. Nunca supe qué había pasado con ella, probablemente el verano había sido más fuerte que la fidelidad de Vero.

-Bueno, Lauren, ¿vas a confesar ya que te liaste con Camila el sábado? - los ojos de Keana me traspasaban.

-¿Qué? - fingí confusión.

-Eres exasperante - protestó Lucy soltando el bolígrafo.

-Vero te vio entrar en el baño, ella te mando a Camila, indirectamente - me contó Keana tranquilamente, sin alterarse como Lucy.

-¿Que Vero hizo qué? - me senté en una de las sillas de la cocina, a la espera de que mis amigas me contaran qué estaba sucediendo.

-Vamos, la muchacha te estaba buscando como un cachorrito perdido - no me gustó la forma en que Lucy hablaba de Camila.

-Le dijo que estabas en el VIP, y le dio fichas para que pudiera pasar. Apuesto a que las había comprado apo sta...

-¿Por qué iba a hacer eso? ¿Por qué darme esa ventaja? ¿Y por qué os da igual? - ahora no estaba fingiendo mi confusión.

-Esta niña es tonta - sentenció Lucy levantándose y dirigiéndose a la nevera a por un refresco, mi otra amiga parecía divertida con la situación.

-A ver, Lauren, cielo - cuando Keana empleaba ese tono condescendiente me ponía nerviosa, pero necesitaba una explicación a todo aquello - Vero se retira, la chica esa la tiene ocupada. A ser sinceras, creo que era la única de nosotras tres capaz de hacerte la competencia esa noche y obviamente te la entregó a ti.

-Pero tú quedaste con ella. Dijiste que habíais pasado una buena tarde... -Lucy resopló volviendo a su sitio como si lo que yo estaba diciendo fuera una tontería enorme, como si estuviera enfadada por mi actitud.

-Y lo pasamos bien - respondió - pero nunca me preguntaste qué habíamos hecho...

-No me apetecía saberlo, pero la verdad es que no estaría de más que me lo contases ahora.

-Hablamos de ti - aquello sacudió algo dentro de mi, de repente sentí esa sensación en el estomago que se había apoderado de mi después de besarla - prácticamente todo el rato. Y cuando intentaba hacer algún movimiento, ella lo evadía - Keana suspiró - tengo cero chance, amiga.

-Y podrías decir la verdad - protestó Lucy - Encima de que te la comiste en el baño así que... Ya está, ya has ganado.

-No me la comí - repuse, molesta con esa expresión sin siquiera saber por qué - Solo fue un beso...

-Vamos, Lauren, no nos vaciles - Lucy no se creía ni media palabra - ¿Encerradas en el baño de la discoteca y sólo fue un beso?

-Vino su amiga... Se la llevó, solo fueron un par de besos - confesé, porque en vista de que mis amigas sabían más que yo lo que había pasado ya no servía de nada ocultarlo.

-Ya, y por eso sonreías como una idiota... - dijo sarcástica.

-Espera... - Keana me miraba con esa chispa que tanto miedo me daba, analizándome por completo - Lucy, creo que está diciendo la verdad.

-¿Qué? - las dos se miraron.

-¿No hiciste nada?

-Si hubiese hecho algo os lo habría dicho, ¿no? -pregunté.

-Yo qué sé, Lauren, nunca sé que pasa por tu cabeza, igual pensabas hacer algo más espectacular que follártela en un baño - parecía como si a Lucy se le estuviera encendiendo la luz al final del túnel, al tiempo que organizaba sus papeles y cerraba el bolígrafo - ¿No lo hiciste?

-No - contesté.

-Entonces que conste que yo no me retiro - Lucy se levantó de la silla con sus cosas - Tengo que ir a entregar esto que era para el martes. Nos vemos por la noche - me dio un beso en la mejilla antes de salir por la puerta, fue un roce fugaz.

Yo me quedé completamente atrapada en mis pensamientos. Keana estaba sentada a mi lado, en silencio, jugueteando con un mechero que juraría que era mío y que hacía una semana que no veía. Sabía lo que mi amiga estaba pensando, la conocía lo suficiente como para adelantarme a sus pensamientos. Y ella me conocía lo suficiente como para adelantarse a los míos. Me miró sin mediar palabra y dibujando una sonrisa se levantó de la silla. Puso una mano en mi hombro, caminó alrededor de mí, se inclinó despacio hasta que sus labios rozaron mi oído y susurró esas palabras que sabía que no debía pronunciar:

-Vais a hacer el amor.

Camila*

Mi profesora nos había mandado hacer un trabajo de documentación acerca de la cultura asiática y las trece pestañas que tenía abiertas en internet eran artículos acerca del continente. Yo intentaba escribir un esquema para hacer el borrador en mi libreta, escuchaba a algunas de las chica jugar en la piscina y mi spotify estaba reproduciendo el último álbum de Ariana Grande.

"-Que forma tan interesante de pasar un sábado - me había dicho Lauren esa mañana cuando le había contestado a qué planes tenía - Bueno, que te sea leve. Yo tengo cosas que hacer."

Miré la cama de Dinah, vacía porque se había ido a pasar el fin de semana con su familia y me había abandonado a mi suerte con mis deberes. Suspiré. Tenía que empezar a hacer amigos en aquel sitio porque sino mi existencia iba a ser muy aburrida.

Me levanté de la silla porque empezaba a ponerme nerviosa, demasiado rato sentada. Mi concentración era nula, aún hacía calor y me acerqué a la ventana desde donde pude ver a las chicas de la piscina. Tuve que cubrirme los ojos porque el sol era agresivo. Una brisa cálida me acarició el rostro y cerré los ojos, dejando que una sensación de tranquilidad y calma me invadiera. Me gustaba aquel sitio. Que nadie me mal interprete, adoraba a mi familia pero a veces mi madre estaba tan encima de mi que llegaba a agobiarme. Era una mujer sobreprotectora y sabía que quería lo mejor para mí, pero yo necesitaba un respiro, un poco de libertad, no tener que dar explicaciones, no tener que pedir permi so... Pensé que era algo a lo que podría acostumbrarme realmente rápido.

-Arriba a la derecha - desde mi posición en la ventana vi a Normani en la mesa del jardín, tenía el portatil con ella y estaba dandole señales a otra chica que estaba de espaldas a mi.

Aquella melena oscura...

-Vale, ahora vuelvo - cuando se giró ya sabía quien era.

Mi corazón dio un vuelco cuando miró hacia arriba y me vio apoyada en la ventana. Me sonrió y se me subieron todos los colores. Torpemente traté de aparentar tranquilidad devolviéndole el saludo con un gesto. Lauren desapareció entrando en el edificio y yo me quedé mirando a la nada, intentando procesar el estado en el que me encontraba solo por haberla visto. No habíamos hablado mucho desde el día de la discoteca. Me hizo plantearme si Lauren se acordaba o no de lo qué había sucedido, o quizá lo hacía pero prefería olvidarlo. ¿No le había gustado? La idea de haberla decepcionado y de que hubiese perdido el interés de ganar ese juego me molestó. Ni siquiera entendía cómo podía molestarme, pero lo hizo.

Oí alguien golpear la puerta.

-¿Sí? -pregunté.

El pomo giró y la puerta se abrió ligeramente.

-¿Puedo pasar? - se me dibujó una sonrisa estúpida que duró hasta que me di cuenta y la borré.

-Claro - contesté.

Lauren entró resplandeciente en mi habitación. Llevaba unos jeans rotos y ceñidos a sus curvas, avanzó hasta estar dentro y cerró la puerta detrás de ella.

-¿Qué haces aquí? - pregunté.

-Tenía que hacer un trabajo con Normani - sus ojos paseaban por las paredes de mi cuarto - Adivino, esa es tu cama - y efectivamente señaló mi cama que estaba sin hacer. Asentí - Eres más desordenada que Keana, y ya es decir.

-Lauren... - empecé, ella me miró atravesándome con esos ojos esmeralda que tenía - ¿Qué quieres?

-Mmm, saludar - sonrió.

-¿Sólo eso?

-Bueno...

Lauren*

Keana me había puesto nerviosa. Sabía perfectamente que yo no me enamoraba, yo no tenía relaciones, no me metía en esos líos. Como consecuencia: yo no hacía el amor. Ella estaba empeñada en convencerme de que el amor era algo bonito y que algún día lo encontraría, y yo únicamente trataba de explicarle que no iba a encontrar algo que no buscaba. No creía en aquello. No me gustaba imaginar mi felicidad dependiendo de otras personas, hacía que todo mi cuerpo se estremeciera. La idea de estar toda la vida con la misma persona, tener que dar explicaciones, dejar de salir de fiesta todos los fines de semana y tener que presentarle a tu familia para que juzgaran su existencia y tus gustos me asqueaba.

"-No digas gilipolleces - le había dicho a Keana.

-¿Entonces cómo es que no pasó nada más en ese baño? - había preguntado.

-Porque se la llevó su mejor amiga, te lo vuelvo a repetir.

-Lauren, busca una excusa mejor. Primero no quieres ni oír a hablar de mi cita con ella, después te encierras en un baño con ella para "besaros" y para acabar vienes sonriendo como una boba y nos lo ocultas. Camila Cabello te gusta, tienes que admitir que para algo más que echar un polvo. ¿Te importa?

-A mi no me importa nadie que no sea yo misma y mi familia - mi amiga no se ofendió porque sabía que a ellas tres las consideraba mi familia.

-Entonces tíratela -dijo - Hazlo, gana ese juego porque sabemos tanto tú como yo que si de verdad sólo buscaras llevártela a la cama ya lo habrías hecho.

-Eso mismo pensaba hacer el sábado - me precipité al decir aquello - Voy a su casa, tengo que hacer un trabajo con Normani y tenía intención de hacerlo, para que lo sepas.

-Seguro...

-No me creas, sigue pensando que me he enamorado y creyendo en tus cuentos de unicornios. Pero yo este sábado doy por zanjada la competición."

La simple idea de que Keana no confiase en que mis intenciones eran reales me impulsaba a demostrárselo. No podía dejar que mi reputación se fuera a la mierda por culpa de una novata a la que prácticamente ni conocía. Quizá había sentido cosas extrañas cuando nos habíamos besado, pero eso era cosa del alcohol, la euforia del momento y las ganas que Camila había creado en mi a base de fotos. Además, lo más probable era que aquel interés que me había despertado fuera infundado por el hecho de haberla tenido en mi cama y no haber podido acostarme con ella. Y tenía que arreglar aquello.

-¿Y Dinah? - pregunté.

-Se ha ido este fin de semana con su familia - sonreí, aquello era bueno.

-¿Estas solita? - pregunté mirándola fijamente, no fue sorpresa ver en su expresión el nerviosismo que torpemente trataba de disimular.

-Eso parece - contestó - ¿No tienes que ir a hacer no sé qué trabajo? - me acerqué a ella y puse una mano en su mejilla - ¿Qué haces?

Camila, como todas las chicas, quería sentirse especial antes de entregarse a nadie. Sabía como funcionaba aquello, era una obra que había representado muchísimas veces. Ellas se auto engañaban, sabían con quien estaban y que jamás podrían alcanzar mi corazón, pero les gustaba creerse especiales, era su excusa para desnudarse ante mi y pedirme que cumpliera sus fantasias. Les gustaba culparme después, decir que las había llevado a la cama finjiendo interés por ellas, engañándolas, que ellas no eran "así".

-Ya he acabado - aparté un mechón de su pelo - ¿Qué hago de qué? - pregunté, besando su mejilla suavemente. Sentí su suspiro.

-Lauren, no juegues... - me apartó.

Camila acababa de apartarme. La miré extrañada, confundida.

-¿Qué pasa? - pregunté.

-Sé lo que quieres - me soltó - Lo que queréis todas - evitaba mi mirada, aquello no podía estar pasando - No voy a acostarme contigo para que te apuntes otra medalla. No soy esa clase de chica.

A pesar de su declaración, no me rendí. ¿Iba a costarme un poco más convencerla? ¿Tenía que seguir con la interpretación un poco más? Sin problema. Pero veía en sus ojos oscuros — y sobre todo en la reacción de su cuerpo cuando la tocaba — que aquella chica quería tenerme entre sus piernas. Tuve que cerrar los ojos un instante tras la imagen mental que acababa de golpearme.

-¿Crees que sólo busco acostarme contigo? - pregunté, con voz melosa intentando no imaginarme entre sus piernas para no desconcentrarme de mi objetivo - Eres la chica más bonita que he visto nunca.

-Oh, vamos eso es de primero de ligues - protestó.

Sonreí, no sé por qué pero su respuesta me hizo gracia.

-No finjas - le dije - Estuve en ese baño, sé las ganas que me tienes.

-Estaba borracha.

-Los borrachos solo hacen cosas para las que ya están predispuestos - señalé.

No respondió. Nos miramos en silencio unos segundos, su delgado cuerpecito enfrente del mío, tostado, sus lunares pequeñitos que de lejos no podían apreciarse, su cabello castaño cayendo en ondas sobre sus hombros y no especialmente arreglado, su naricilla que le daba un toque inocente y esos labios carnoso, los mismo que había probado en aquel baño y que en ese momento atrapó entre sus dientes. Me costó tragar cuando se humedeció los labios con la punta de la lengua.

-Eres preciosa - dije sin querer, me faltaba el aire.

-¿Lo piensas de verd...

Me abalancé y la besé exactamente como había hecho en aquella discoteca. La única diferencia es que esta vez ninguna de las dos había bebido y sus labios sabían más a coca cola que a ron. Se colgó de mi cuello casi como acto reflejo y correspondió con desesperación. Una fuerza superior a mi hizo que la agarrase a peso y la subiera sobre su escritorio haciendo que su libreta cayera sobre el parqué. No pareció importarle y rodeó mi cuerpo con sus piernas firmes, sin dejar de besarme. Mordí su boca como había hecho justo antes de que se fuera aquella noche, y ella me atrajo con fuerza, sedienta de mi, agarrando mi cabeza y enredando sus dedos en mi pelo. Jadeé en su boca, no queriendo apartarme para tomar aire. Lo único que podía escuchar eran nuestras respiraciones agitadas, mis manos acariciaron su espalda y viajaron ansiosas hasta sus piernas, queriendo meterse por dentro de sus shorts.

-Para - me pidió, apartándose unos centímetros y empujando mi pecho para alejarme.

Capitulo 8

Camila*

-Vete de mi casa - aún con la respiración acelerada, empujé a Lauren para que se apartase.

-¿Qué coño te pasa a ti en la cabeza? - dio tres pasos hacía atrás - Estás como una puta cabra.

-He dicho que te largues.

-Ya, tranquila que me largo - me lanzó una mirada de desprecio, sus ojos me atravesaron con odio y rabia - Ni siquiera estás tan buena como para estar así de loca, Camila.

Y se fue. Cerró de un portazo que golpeó mis pulmones. Abracé mi cuerpo tratando de mantenerme fuerte pero un pinchazo en mi corazón hizo que me desmoronase por completo. No podía ni respirar. ¿Era idiota? Yo quería jugar con Lauren y hacerla sufrir por su maldito juego de zorra asquerosa y al final la que acababa destrozada era yo. A punto había estado de tirarla en mi cama, de dejarle ganar, de entregarme a una persona tan fría como ella. A punto había estado. Pero algo había hecho click y me había despertado, cuando abrí los ojos y mis piernas estaban entorno a su cuerpo el pánico se había apoderado de mi. No quería ser su juego. No quería ser un trofeo más de una liga que había resultado ridículamente sencilla para ella. Pero cómo deseaba ser algo más... Ser algo especial, ser importante para alguien que estaba acostumbrada a las chicas de usar y tirar.

-¿Camila? - vi a Ally en la puerta de mi cuarto - ¿Está todo bien? He oído un portazo y... - ¿como fingir una sonrisa después de que aquellos ojos te mirasen con tanto rechazo? - Eh, Mila, no llores... - Ally atravesó la habitación para abrazarme y yo me dejé caer entre sus brazos.

Lauren*

-Como un puto cencerro - golpeé la puerta de mi armario.

-Laur, cálmate - me pidió Keana.

-¡Está loca! - grité - Primero se mete en mi puta cama sin ropa, me manda putas fotos, me altera, me busca, me pone de los nervios. Se deja besar como nunca en un puto baño asqueroso y cuando me tiene en su cuarto me come la puta boca. Y de la nada, K, de la puta nada va y me dice: vete de mi casa - me dejé caer en mi cama, como un peso muerto, acelerada, enfadada conmigo y con ella, con una sensación de impotencia increíble porque era incapaz de entenderla.

-¿Cuántas veces puedes usar "puto" en una frase Jauregui? - Keana se levantó del escritorio y se sentó a mi lado.

-Las que me dé la puta gana - respondí, ella sonrió y su sonrisa de repente calmó mi histeria.

-Va, relajate, en serio... ¿Vas a rendirte sin más? - preguntó, acariciando mi mejilla suavemente - Te arde la cara...

-Estoy enfadada, suele pasar - protesté, pero a pesar de mi humor de perros y de mi alteración, Keana permanecía tranquila, observándome con una calma increíble. Se mordió el labio, cortando una pequeña sonrisa y apartó un mechón de pelo de mi cara.

-En serio, es sólo una chica... - dijo - no te obsesiones, cuando vea que no te importa va a volver corriendo, sólo quiere atencion de Lauren Jauregui, no sería la primera que te hace el lío y te monta un drama sólo para que le hagas más caso...

-Ojalá hubiera más chicas como nosotras - dije, dejándome caer hacia atrás y apoyándome en mi pared - Lucy, Vero... Tú y yo... No somos así, no necesitamos que nos digan lo guapas ni lo importantes que somos. No necesitamos que nos llenen la cabeza de mentiras para tener algo con nosotras.

-Eso es porque ya sabemos lo guapas y lo importantes que somos - rió, me mostró sus dientes blancos y me contagió su risa - ¿Ves? Esta Lauren me gusta más.

-No mientas - le dije - A ti te gusto de cualquier manera - bromeé poniendo tono provocativo.

-Cierto - contestó, pero no parecía broma ni juego - Pero tú estas obsesionada con una niña bipolar - cerró los ojos y volvió a sonreír, ¿qué diablos le estaba pasando a mi cabeza en ese momento? - Cuando sabes que después de tirártela te va a importar una mierda.

-Esta mañana insinuabas otra cosa - protesté.

-Bueno, pero ahora que estás enfadada con ella tengo que aprovecharlo - contestó, acercándose peligrosamente a mi.

-Ey... - sus dedos recorrieron despacio mi brazo desnudo y sentí que toda la tensión de segundos antes desaparecía - K, en serio, no es... - sus dientes clavándose flojito en mi cuello, para después dejar que sus labios lo sellaran con un beso sobre mi piel - ¿Qué prete n...- me giró la cara, no me pidió ningún tipo de permiso, agarró mi cuello con la mano que antes se paseaba por mi brazo y me encaró a ella. Sus ojos me atravesaban.

-Quiero que hagas conmigo lo que quieres hacer con ella.

Camila*

Esa noche no dejaba de dar vuelta en la cama. Sintiéndome estúpida por haber querido jugar en lugar de haberle plantado cara. Por no haberle dicho que era una asquerosa y que no podía ir por la vida utilizando a las personas, creyéndose que son juegos de mesa que una vez te aburras de ellas, puedes meterlos en una caja y olvidarte. Que no, que yo no era esa a la que engatusar para después fardar con tus amigas de tus logros, no era la chica a la que tenías que meter en tu cama, hacer gritar tu nombre y después apuntarla en una escala de polvos en el que la imbécil de tu ex era la que peor follaba y que con suerte la siguiente iba a ser mejor que la que acababas de tirarte.

Y las lágrimas al recordar sus palabras: "estás loca", y claro que lo estaba. Y me enfadaba. Me enfadaba la simple idea de haber perdido todo el control que tenía sobre aquel juego en apenas unos minutos en una discoteca. Iba ganando, o eso pensaba yo. Quería gritarle y decirle todo lo que opinaba de su maldito juego y de sus palabras vacías. Quería escupirle y decirle que la única que estaba como una cabra era ella, aparte de ser una cínica irresponsable.

Hice lo peor que podría haber hecho, me levanté de la cama y me quite el pijama. Saqué la misma ropa que me había puesto para ir a la discoteca la semana anterior y bajé al piso de abajo.

-¿No te habías ido a dormir? - Normani y Ally me miraban, sentadas en el sofá con otras cuatro chicas. Bebiendo de una botella y jugando a cartas.

-¿No ibais a salir esta noche? - pregunté.

-Estamos esperando a los Taxis, llegan en quince minutos - contesto Normani - ¿Adivino?

-Me apunto - dije.

Normani sonrió pero Ally me miraba preocupada. La primera me tendió la botella que tenían sobre la mesa y la agarre con cuidado.

-Me alegro de que te animes a salir sin Dinah - me dijo - pero tienes que coger nuestro ritmo ahora.

Y como si fuera un reto destapé la botella y le di uno de los tragos más largos y dolorosos de mi vida. El licor quemaba mi garganta y los ojos de Ally estaban abiertos como platos, la sonrisa autosuficiente de Normani me dio a entender que por alguna extraña razón se intuía que mi estado de animo venía provocado por su compañera del proyecto de clase.

-Esto es asqueroso - dije mirando la botella.

-Dentro de un rato, si sigues dandole estos tragos, dejará de estarlo - rió una de las chicas.

-No va a seguir dandole esos tragos - protestó Ally.

-Oye, deja a la novata divertirse - Normani me guiñó un ojo antes de seguir hablando - Todos hemos tenido alguna mala noche desde que llegamos.

Lauren*

El movil no dejaba de vibrar y ya había intentado ignorarlo cuatro veces. Encima la luz de la pantalla rompía la oscuridad y me dolía la cabeza. Finalmente cedí, aparté el brazo de Keana que dormía completamente desnuda a mi lado y alargué el mio para cogerlo.

-¿Si? - ni siquiera miré la pantalla que brillaba demasiado y yo era incapaz de abrir los ojos.

-Eres una zorra - su voz.

-Espera un segundo - dije, susurrando, tratando de librarme de mi compañera de cuarto. Tiré de las sabanas para cubrir mi cuerpo y salí al pasillo.

-Siempre dando ordenes... - alcohol, y mucho, tenía que tener en sangre para balbucear de esa forma.

-Camila, ¿qué coño quieres? - empecé a caminar escaleras abajo, hacia el jardín.

-Mmm mejor no respondo lo que estoy pensando - y se rió completamente sola.

-¿A qué juegas? - le pregunté.

-A los Juegos de Lauren - me quede clavada en el sitio - Ups... ¿No te sonará no?

Todo acababa de cobrar sentido en menos de medio segundo.

-Camila no es como tú te cr...

-Es exactamente como me creo - me cortó - Querías ganar, querías hacerlo conmigo para después regodearte con tus amiguitas - escuché un golpe seco.

-¿Dónde estás? ¿Con quién estás?

-¿Y eso a ti que cojones te importa? - volví a escuchar el mismo golpe - queee yaaaa voooooy, pesaaaada.

-¿Camz?

-No me vuelvas a llamar eso...

Y la llamada se cortó.

Capitulo 9

Lauren*

-¿Sabes que tiene razones para odiarte no? - el motivo por la que Lucy y yo éramos amigas era porque ella llevaba la sinceridad a otro nivel, además podías mantener conversaciones acerca de absolutamente todo con ella y, a pesar de dejarme claro cuando la cagaba, siempre estaba ahí para apoyarme contra viento y marea.

-Tú también jugabas al juego...

-Pero nunca me vi con posibilidades la verdad, solo lo hicimos porque a Keana le parecía divertido.

-Ni que fuera la primera vez que jugamos a algo así.

-Ya pero a ti te gusta esa chica...

Enfocó la Reflex girando el objetivo, me hizo un gesto para que me moviese un poco a la derecha. Me alzó el pulgar a modo de "OK" y tomó una fotografía.

-Estás preciosa - me dijo, mostrándome la foto en la pantalla. La luz del sol, que se ponía detrás de las montañas, había teñido la imagen de naranja y púrpura.

-¿Por qué no te pones tú de modelo? - le pregunté, completamente conforme con la imagen que me había sacado- Aprovecha la luz, es perfecta.

-Va - accedió.

Dejó la cámara en mis manos y lanzó su chaqueta sobre el capó de mi coche. Estábamos completamente solas en uno de los miradores de la montaña. El silencio era absoluto y solo lo habíamos roto cuando nos acercamos al muro que nos protegía del precipicio para gritar y oir nuestro eco. Lucy se subió sobre las piedrecitas que lo conformaban, sin ningún vacile, como si no hubiese una caída de más de quinientos metros bajo sus pies. Me sonrió y me dio la espalda, se sacó la camiseta dejando a la vista su espalda desnuda, su piel perfecta solo cortada por su tatuaje de tinta negra. Levanto los brazos y ahí tomé la foto. Hice un par más, por si acaso, jugando con la exposición y la luz del sol.

-¿Vas a pedirle perdón? - me preguntó volviendo a mi lado, colocándose su camiseta y alargando el brazo para poder ver sus fotos.

-¿Estás de coña?

-La verdad es que sí - rió - ¿Cuándo fue la última vez que Lauren Jauregui pidió disculpas?

Camila*

La cabeza me iba a estallar de un momento a otro, llevaba todo el día en la cama. No podía siquiera abrir los ojos y hasta el ruido de los coches en la calle me estaba martilleando. Oí pasos en el pasillo que se iban acercando y que eran como cuchillas para mi cerebro. Escuché el crujir de la puerta y segundos después la luz empezó a quemarme las retinas.

-Apaga eso... - protesté.

-¿Qué haces a oscuras? - Dinah se quedó de pie mirándome.

-Dios mío, apaga eso por lo que más quieras, te doy lo que me pidas - enterré mi cabeza debajo de la almohada.

Dinah accedió y apagó la luz, pero dejó la puerta abierta y eso permitía que hubiese cierta penumbra en el cuarto.

-¿Entonces era verdad? ¿Camila Cabello el alma de la fiesta de anoche? - se dejó caer en su cama, yo sentía la boca seca y una revoltura de estomago que no me gustaba nada.

-No tengo ni idea de lo que pasó anoche... - confesé.

-Ya me ha dicho Normani que te bebiste hasta los florer os... Dice que lo necesitabas, que estabas algo apagada.

-Que asco - me di la vuelta pero fue mala idea porque un mareo inoportuno me recorrió todo el cuerpo.

-¿Va todo bien?

-No - no tenía ganas de mentir, estaba tumbada de lado, mirando la pared y dandole la espalda a mi amiga.

-¿Qué ha pasado, Mila?

-Vino Lauren - traté de incorporarme y mirarla - Y me subió ahi arriba - señalé el escritorio. Las cosas que ella había tirado aún seguían en el suelo. Dinah levantó una ceja - Y la eché.

-¿Qué? ¿La echaste? ¿Dónde quedó el jugar con ella?

-Me puse nerviosa... Ella estaba tan lanzada y yo... - tuve ganas de vomitar de repente y me levanté corriendo para cruzar el pasillo y aterrizar al lado del váter.

Dinah me siguió a su paso, y se sentó en el borde de la bañera mientras yo echaba fuera todo lo que había bebido la noche anterior. Me recogió el pelo, para apartarlo de mi cara, y me empezó a acariciar la espalda. Empecé a llorar como una niña pequeña abrazada a la fría pieza del baño. Sollozaba histerica sin siquiera entender por qué me sentía tan mal. Me daba asco la situación, haber acabado tan borracha, a saber qué habría hecho yo anoche, a saber qué le habrían contado a Dinah. ¿Cómo podía estar en esa situación? ¿Por qué me jodía tanto solo pensar en Lauren? No nos conocíamos en absoluto, no era más que una niñata pija y prepotente que pretendía engañarme para llevarme a su cama, no sabía nada de ella. Apenas sabía que se apellidaba Jauregui, que tenía tres amigas igual de zorras que ella y que había repetido una asignatura por pasar olimpicamente de las clases. Tenía que ser mucho más fácil deshacerse de ella, solamente tenía que dejar de vomitar y después trataría de dejar de llorar. Y olvidarla, ya conocería a alguien mejor, acababa de aterrizar en el mundo universitario no tenía sentido venirme abajo por la primera piedra del camino.

-Todo va a estar bien, ya veras - me dijo sin dejar de acariciarme, como si hubiese estado escuchando mis pensamientos - Voy a por agua, ¿vale? Te hace falta beber algo.

Me senté con la espalda apoyada en la pared fría, sintiendo como el sudor corría por mi frente y por mi nuca. Cerré los ojos, intentando calmarme, esperando a que mi amiga me trajera algo con lo que refrescarme. Empecé a escuchar el tono de mi telefono, sonando al otro lado del pasillo como burlándose de mi. ¿Cómo iba a levantarme y a atender una llamada si sentía que me iba a desmayar de un momento a otro?

Lauren*

-Vamos, cogelo... - estaba sentada en el coche esperando a Lucy que había entrado a pagar al chico de la gasolinera. Escuché el último pitido y un "Deje su mensaje después de la señal" - Camila, por favor, cogeme el telefono... Lo siento, ¿vale? Soy una idiota, necesito que hablemos... Llamame cuando oig...

-¡Hey! - Lucy entró de golpe dentro del vehículo y colgué antes de acabar la frase - ¿Con quien hablabas?

-Con mi hermano...

-Oh, ¿le has saludado de mi parte? Más te vale... - Lucy me dio una bolsa de patatas fritas y me tendió un vaso enorme de cocacola, la miré extrañada - Tengo hambre, Lo... Pero no puedo conducir con esto, asi que me lo sujetas, ¿sí? - me guiñó un ojo y metió la llave en el contacto.

Empezó a sonar la radio y yo me acomodé para atrás, era completamente de noche y me quedé embobada viendo las luces pasar a toda velocidad por la ventanilla. No sabía si Camila había ignorado a propósito la llamada, si habría escuchado el mensaje o si algún día iba a volver a dirigirme la palabra. Pensar en volver a la clase que compartía con ella me aterrorizaba, por alguna extraña razón entraba en pánico al pensar en cruzarme con ella. No sabía qué había sucedido anoche, ella estaba completamente borracha cuando me llamó y yo tenía a Keana metida en mi cama. ¿Por qué me había acostado con ella? Keana me había pedido que hiciera con ella lo que quería hacer con Camila y mi razón falló.

-¿Va todo bien? - Lucy colocó una mano sobre mi pierna y me despertó de mis pensamientos.

-Sí, perdona...

-¿Piensas en Camila?

-¿Qué? No... Yo... - Lucy dibujó una sonrisa de las suyas, de comprensión, una sonrisa de "mienteme y hago ver que te creo, pero porque es lo que tú quieres" - ¿Por qué me siento mal, Lucy?

-Porque le has hecho una capullada a la pobre muchacha- contestó, sin siquiera inmutarse - Una de las típicas, y no viene siendo la primera que haces, pero quizá esta chica significa algo para ti.

-¿Cómo va a significar algo para mi si no la conozco de nada? No sé nada de ella...

-La pregunta aqui no es si sabes algo de ella o no, la pregunta es: ¿te gustaría saber más de ella? Porque,

Lauren, cuando quieres acostarte con alguien por placer te la suda su vida, sus gustos, sus aficiones o su pasado. Sin embargo, cuando alguien te interesa de verdad, entonces sí quieres saber más. Quieres saber a qué le tiene miedo, qué clase de películas le hacen llorar, cómo se hizo esa cicatriz, quién fue su primer beso, cual es su canción favorita y qué le gusta hacer cuando se aburre los domingos por la tarde.

Me quedé en silencio pensandolo. Sé que a Lucy no le molestó, porque no creo que esperase una respuesta realmente. No soy una persona abierta, para nada, y mis amigas lo sabían. Sobre todo ella, que era capaz de sacarme información sin que yo se la contase, me leía como un libro abierto. Empecé a darle vueltas, ¿A qué le tendría miedo Camila? Probablemente, y por la forma en la que reaccionó en su casa, le tenía miedo a la gente como yo. Gente que hace y deshace a sus anchas y que no piensa en las consecuencias. Me sentí tan estúpida, el día anterior estaba enfadada con ella porque no entendía su rechazo pero ese día... Ese día me odiaba a mi por haber accedido a jugar a ese estúpido juego. Si no lo hubiese hecho, si no hubiese existido ese cuaderno, probablemente hubiese podido llegar a ella. Llegar de otra forma, sin que ella jugase conmigo, sin sus provocaciones, sin sus juegos para tratar de volverme loca y pagarme con la misma moneda. Probablemente no se hubiese metido en mi cama, cierto, pero hubiesemos podido hablar e ir a tomar algo y entonces habría sabido qué gustos tenía, qué peliculas la hacían llorar y cual era su canción favorita. Quizá ella misma me hubiese demostrado lo que hacía los domingos cuando se aburría por la tarde y hubiese querido compartirlo conmigo.

Me pasé una mano por el pelo, sentí un peso en el pecho, culpabilidad quizá. No era algo con lo que estuviera familiarizada, pero de vez en cuando la vida trataba de ponerme en mi sitio y me hacía sentir mal por mis propios actos. En el fondo, ¿qué bien le podría hacer yo a esa niña? Aquella sonrisa... Yo sólo habría conseguido joder esa sonrisa llena de bondad. Y tenía miedo de haberlo hecho ya, porque no lograba entender era por qué Camila había decidido jugar en lugar de mandarme a la mierda directamente. ¿Por qué conmigo y no con las otras tres? No quería pensar, ni de lejos, que le hubiese podido hacer daño. Y de repente esa sensación de culpabilidad se incrementó: ¿desde cuando me importaba a mi hacerle daño a la gente?

-Lo... - otra vez Lucy me sacaba de mis pensamientos - ¿sabes qué?

-¿Qué?

-Yo sé todas esas cosas de ti - y se rió - deberías casarte conmigo y olvidarte de ella.

-Eres idiota - le dije, dejando que su sonrisa se me contagiara.

Capítulo 10

Lauren*

Se mordió el labio, como ella solía hacer para provocarme. Con una pierna a cada lado de mi cadera se movía sobre mi cuerpo, sus manos recorrieron mi abdomen y dibujó una sonrisa maliciosa. Ella sabía que pronto iba a cansarme de su juego y que iba a darle la vuelta a la situación pero mientras tanto disfrutaba del momento de poder que le regalaba. Sus dedos empezaron a jugar con el botón de mis jeans, mi camiseta hacía rato que descansaba en el suelo. Ella movió sus caderas y yo dejé ir el aire que estaba reteniendo inconscientemente. Pronto iba a tenerla contra el colchón, sólo estaba siendo realmente paciente.

-Lo... Dime algo bonito – me pidió, mientras desabrochaba la cremallera de mis pantalones.

-Eres tan bonita que no sabría por dónde empezar – pasé una mano por su cabello y suspiró.

-Soy lo mejor que ha pasado por tu cama – me susurró al oído.

La seguridad con la que hablaba Keana me desarmaba. A diferencia del resto de chicas con las que pasaba algunas noches, ella gozaba del estatus suficiente como para tomarse ciertas confianzas y lo peor de todo era que eso me ponía mala. Me gustaba que tuviera carac-ter conmigo, en lugar de regalarse como todas. O como casi todas.

-Mierda... - cerré los ojos.

-¿Ya estás pensando en ella? - sus ojos se clavaron en mi, me atravesaron por completo.

Ni de broma iba a dejar que Camila me hundiera ni un segundo más. Ni su recuerdo, ni el hecho de que jamás contestó a mi mensaje a pesar de haberme arrastrado y de haberle pedido perdón.

-¿Lauren?

No iba a dejarla ganar. Agarré a Keana por la cintura y nos hice cambiar de posiciones. Su cuerpo rebotó unos milimetros y quedo perfectamente encajado debajo del mío.

-¿Pensando en quien? - pregunté, ella cerró los ojos y alargó sus brazos para agarrarse al cabecero de mi cama.

-Sabes que lo estoy deseando, Jauregui... - dijo sin abrirlos.

-Procura que está vez no se quejen los vecinos – sonreí inciando mi marcha por su ombligo con mi boca.

-No te prometo nada.

Camila*

-¿Me vas a acompañar? - pregunté a Dinah mientras me ponía las converse.

-Claro, soy tu animadora personal, estaré ahi deletreando tu nombre – contestó mirandose en el espejo de su armario.

-Es una entrevista de trabajo no una prueba del equipo de futbol.

-¿Crees que se te daría bien darle al balón?

-Definitivamente no.

-Lo imaginaba...

-¿Entonces vamos? - me sonrió y se apoyó en la puerta.

-¿Voy bien así? - me miré en su espejo y me vi de arriba abajo, mis vaqueros nuevos y una blusa color salmon trataban de darme un aire responsable.

- Espera – Dinah se acercó a mi y empezó a manosear mi pelo. Me lo recogió en un moño y lo destrozó cuidadosamente a proposito, después desabrochó el primer botón de mi camisa – Ya está, ahora eres una secretaria sexy.

-El puesto es de dependienta, idiota.

-Las dependientas que más venden son las que tienen aire de secretaria sexy – rodé los ojos, no queriendo admitir que me gustaba más su idea que la mía.

Necestiaba rellenar horas muertas y ganar algo de dinero para mis caprichos, mis padres ya estaban haciendo un gran esfuerzo pagandome la universidad y el alojamiento, quería quitarles la carga de darme el extra de todos los meses. La verdad es que mi hermana también tendría que ir a la universidad algún día y que lo ahorrasen no les iba a ir mal.

-¿La has vuelto a ver? - preguntó mientras llegabamos a su coche.

-¿Qué?

-A Lauren, Mila.

-No ha vuelto a aparecer por la clase que tenía conmigo.

-¿A ninguna?

- A ninguna.

-¿Y crees que es por ti?

-Sería bastante ridiculo si deja otra vez la asignatura tirada y encima por una chica, ¿no crees?

-Ya...

A Dinah nunca le conté que Lauren me había mandado ese mensaje. Simplemente dejamos de hablar de ella, como si nada hubiese pasado. Después de esa fiesta no había salido ni una sola vez, no me había cruzado con ella ni con ninguna de sus amigas. Me había parecido ver a Vero una tarde, de lejos, pero estaba con otra chica y yo anduve en direción contraria. Quise pensar que mi vida iba a ser mucho más sencilla si me olvidaba de aquella chica que parecía sólo traer problemas. Su estilo de vida era completamente opuesto al mio, sus valores eran de moralidad cuestionable y pasaba de pillarme de una chica que preferia tener a ochenta desconocidas en su cama que una relación con alguien que la quisiera de verdad. En el fondo me dio hasta pena pensar que alguien pudiera vivir de esa forma, pero no iba a ser yo la que tratase de cambiarla.

-¿Por qué salida es? - me preguntó Dinah al entrar en la autopista.

-Por la tercera, ya te señala el centro comercial, lo verás – busqué en mi bolsó mi paquete de chicles, tenía la boca seca de los nervios y mascar me calmaba.

-Ei, Mila, calmate – puso una mano en mi rodilla y eso atrapo mi atención, la mire y ella me estaba observando de reojo – todo va a salir bien, no creo que haya ninguna candidata mejor que tú: eres responsable, lista, agradable con la gente y encima eres guapa. Todo un reclamo para sus tiendas – sonreí inconscientemente.

-Gracias – solté y me acomodé en el asiento, olvidándome de los chicles.

Lauren*

La luz que entraba por la ventana teñía la habitación de naranja y miré el reloj para ver que eran las ocho de la tarde. Keana estaba encendiendo uno de sus cigarrillos de la risa, cubierta unicamente por mis sabanas. Yo me asomé a la repisa esperando que lo hiciera y me lo pasara.

-Mañana no voy a poder moverme, capulla – me dijo alargandose para tendermelo.

-Tú te lo has buscado – le dije antes de dar una calada.

-Tampoco voy a quejarme – se rió - ¿Vas a ir mañana a clase?

-Creo que paso – respondí, devolviendoselo.

-¿Hasta cuando la vas a evitar?

-No estoy evitandola, simplemente me aburre esa maldita clase y es un infierno repetir lo que ya hice el año pasado.

-¿A quien le estás mintiendo, Lo? ¿A ti o a mi?

-No vayas por ahi – la advertí.

-Está bien, no te pongas arisca – soltó una carcajada – si en verdad que te tenga asi de frustrada, a mi me beneficia – aquello me dio rabia, pero no dije nada – Pero de verdad pienso que deberías ir a clase porque acabaras arrastrando esa maldita asignatura hasta cuarto.

-¿Eres mi madre ahora?

-¿Haces este tipo de cosas con tu madre? - su mirada inquisitiva mientras se cubría con la sabana me hizo reir.

-Nah, sólo con la tuya.

-Oye, a mi madre la respetas...

-Tranquila, que se lo hago con mucho cariño – me reí y me lancé sobre mi cama para que volviera a pasarme el porro.

-Porque sé que es mentira, que sino...

-¿Me ves capaz de tirarme a una madre?

-Te veo capaz de todo, Jauregui.

-No soy capaz de todo... - dije.

-¿No? ¿De qué no eres capaz?

Me quedé callada y otra vez el nombre de Camila volvió a cruzarme la mente. Quise decirle que no era capaz de tenerla a ella, pero esas palabras se atascaron en algun punto de mi garganta y no quisieron salir nunca.

-Vale, tienes razón, soy capaz de todo.

Milton Keynes UK
Ingram Content Group UK Ltd.
UKHW020906201123
432908UK00020B/3094

9 798868 982866